ボヘミアの森で生まれた伝統技術

チェコビーズの
プチプラ 大人アクセ。

大和書房

CONTENTS

チェコビーズとは ····· P.4

CHAPTER 1 *Accessory*

普段の装いを特別なものに変える
チェコビーズアクセサリー

		作品	作り方
No.1	チェコピップビーズ花のネックレス	P.6	P.48
No.2	チェコシズクビーズの交差編みネックレス	P.7	P.49
No.3	チェコパールのシンプルリング	P.8	P.50
No.4	チェコシズクビーズのフラワーリング	P.9	P.51
No.5	チェコシズクビーズのリング	P.10	P.52
No.6	チェコシズクビーズのイヤリング	P.11	P.53
No.7	チェコダガービーズのブルーピアス	P.12	P.54
No.8	チェコツインビーズのピアス	P.12	P.55
No.9	チェコファイアポリッシュのひし形ピアス	P.12	P.56
No.10	チェコビーズのカブトピンブローチ	P.13	P.57
No.11	チェコツインビーズのピンクブローチ	P.14	P.58
No.12	チェコベビーフラワーのブローチ	P.14	P.59
No.13	チェコファイアポリッシュの多角形ヘアゴム	P.15	P.60
No.14	チェコファイアポリッシュのハート形ヘアゴム	P.16	P.61
No.15	チェコパールのヘアピン	P.17	P.62
No.16	チェコツインビーズのヘアピン	P.17	P.63
No.17	チェコラウンドビーズのホワイトバレッタ	P.18	P.64
No.18	チェコツインビーズのブルーバレッタ	P.19	P.65
No.19	チェコシズクビーズのモチーフセットアップネックレス	P.20	P.66
No.20	チェコシズクビーズのモチーフセットアップブレスレット	P.20	P.67
No.21	チェコピップビーズのモチーフセットアップイヤリング	P.20	P.68

CHAPTER 2 Small Articles

普段使いしているものを女性らしく
チェコビーズで作る格上げ小物

	作品	作り方
No. 22　チェコシズクパールのマグネット	P.22,23	P.78
No. 23　チェコパールのフリンジマグネット	P.22,23	P.79
No. 24　チェコパールとビジューのスカーフ留め	P.24	P.80
No. 25　チェコダガーとチェコピップのシューズクリップ	P.25	P.81
No. 26　チェコピップビーズのイエローボタン	P.26	P.82
No. 27　チェコパールと丸小ビーズの水色ボタン	P.26	P.83
No. 28　チェコパールとチェコシズクビーズのペンチャーム	P.27	P.84
No. 29　チェコファイアポリッシュのペンチャーム	P.27	P.85
No. 30　ピンクチェコビーズの手帳用バンド	P.28	P.86
No. 31　チェコラウンドビーズのサークルキーホルダー	P.29	P.87
No. 32　チェコビーズのフリンジキーホルダー	P.29	P.88
No. 33　チェコビーズのラウンドモチーフとパスケースチェーン	P.30	P.89
No. 34　チェコシズクビーズ刺しゅうのティッシュポーチ	P.31	P.90
No. 35　チェコファイアポリッシュのしおり	P.32	P.91
No. 36　チェコシズクカットビーズのしおり	P.33	P.92
No. 37　チェコビーズのドロップサークルイヤホンジャック	P.34	P.93
No. 38　チェコパールのコンパクトミラー	P.35	P.94
No. 39　丸小ビーズと特小ビーズの腕時計	P.36	P.95

CHAPTER 3 How to make

Chapter1 のチェコビーズアクセサリーの作り方

アクセサリー作りの基本の道具 …… P.38
アクセサリー作りの基本の材料 …… P.39
アクセサリー作りの基本のテクニック …… P.42
テグスの扱い方 …… P.46

CHAPTER 4 How to make

Chapter2 のチェコビーズ小物の作り方

小物作りと刺しゅうに必要な道具 …… P.70
小物作りと刺しゅうに必要な材料 …… P.71
小物作りの基本テクニック …… P.74

※本書に掲載されている材料費は、1作品あたりの使用材料費の税抜き参考価格です。

チェコビーズとは

チェコビーズとは、ビーズ加工技術の本場、チェコで作られたビーズの総称です。チェコはベネチアングラス、ボヘミアングラスなど、高度なガラス加工技術の歴史があり、チェコビーズは安価ながら本場チェコの伝統技術を受け継いでいます。

やさしく丸みを帯びたラウンド形や女性に人気のシズク形など、形も種類も大変豊富で、アイディア次第でさまざまなテイストのアクセサリーを作ることができます。

キラキラとしたチェコビーズの美しいカラーと柔らかな雰囲気は、はじめてのアクセサリー作りの素材にぴったり。レシピ次第でいくらでも応用が利くのもうれしいところです。

本書では、通すだけでできる簡単なアクセサリーから、刺しゅうや編み込みを使った高度な小物まで、チェコビーズを楽しむアクセサリーと小物のレシピを46点掲載しています。

チェコビーズは日本でもポピュラーなもので、手に入りやすいビーズのひとつです。お気に入りのチェコビーズを見つけて、世界にたったひとつのオリジナル作品を作り出す楽しみを実感してみてください。

いつも使っているアクセサリーや小物たちにチェコビーズの彩りを添えて、気軽に、楽しくチェコビーズの魅力を味わってみませんか。

CHAPTER **1** Accessory

普段の装いを特別なものに変える
チェコビーズ
アクセサリー

チェコビーズの丸みを活かした
かわいらしいアクセサリーは、
さりげなく身に着けたくなるものばかり。
ピンクやグリーンなどクリアカラーの
ビーズを選んで
上品な作品に仕上げました。

How to make ≫→ P.48

NO. 1

チェコピップビーズ
花のネックレス

ペールトーンのチェコピップビーズで
大ぶりのお花を表現。チェーンには
ラウンドビーズをあしらって上品に仕上げました。

Design　RIEN
材料費：¥1,435

CHAPTER 1

Accessory

How to make ⇒ P.49

NO. 2

チェコシズクビーズの交差編みネックレス

ぎっしりと詰めたチェコシズクビーズの透明感とパールの上品な輝きがキュート。マロンカットのチェコビーズがポイント。

Design　奥美有紀
材料費：¥1,300

NO. 3

チェコパールの
シンプルリング

質感の違うパールを組み合わせることで
高級感をアップ。はかなげなチェコベビーフラワーが
指に彩りを添えます。

Design RIEN
材料費：¥268

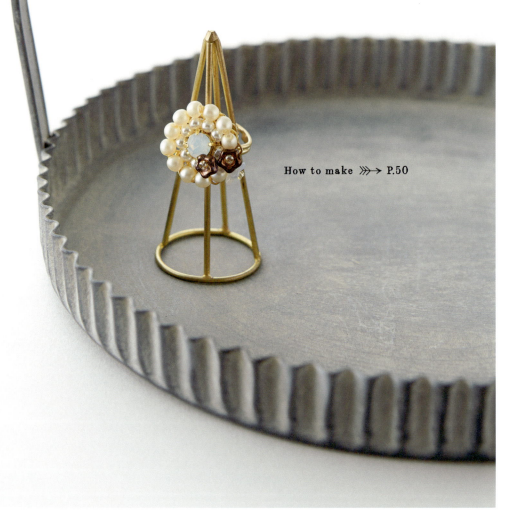

How to make ⟫→ P.50

CHAPTER 1

Accessory

How to make ▶▶▶ P.51

NO. 4

チェコシズクビーズの
フラワーリング

ぷっくりと丸みを帯びた形がかわいらしい
チェコシズクビーズを使ったフラワーリング。
白とブルーの爽やかなカラーが目を引きます。

Design　奥美有紀

材料費：¥300

How to make ≫→ P.52

NO. 5

チェコシズクビーズのリング

チェコシズクビーズをシャワーリング台に通すだけで、
簡単かわいいリングのでき上がり。
ビーズはクリア感がある色を選ぶのがポイントです。

Design　奥美有紀
材料費：各￥230

CHAPTER 1

Accessory

How to make ⟫→ P.53

NO. 6

チェコシズクビーズの
イヤリング

花びらは乳白色のチェコシズクビーズを
使用しました。中心にスワロフスキーを
用いることで、華やかな仕上がりになります。

Design 奥美有紀

材料費：¥490

• 11 •

8
How to make ⟫→ P.55

7
How to make ⟫→ P.54

9
How to make ⟫→ P.56

NO. 7
チェコダガービーズの
ブルーピアス

透明感のあるファイアポリッシュと
マットカラーのチェコダガーをシル
バーで上品にまとめました。

Design RIEN
材料費：¥188

NO. 8
チェコツインビーズの
ピアス

フェザーのようなチェコツインビーズ
の組み合わせがおしゃれ。ラインス
トーンが上品な輝きを放ちます。

Design RIEN
材料費：¥273

NO. 9
チェコファイア
ポリッシュの
ひし形ピアス

カットに丸みがあるファイアポリッ
シュを集めた柔らかい雰囲気のピ
アス。ゴールドの特小ビーズがアク
セント。

Design 奥美有紀
材料費：¥670

How to make ⇒ P.57

NO. 10
チェコビーズの
カブトピンブローチ

さまざまな大きさのチェコビーズを使うことで、
シンプルながらも豪華なデザインに仕上がります。
ゴールドのカブトピンでフェミニンな印象に。

Design aoka
材料費：¥163

NO. 11

チェコツインビーズの
ピンクブローチ

マカロンカラーでまとめられた
フリルブローチ。女性が大好きなテイストが
盛り込まれたロマンティックな作品。

Design RIEN
材料費：¥985

NO. 12

チェコベビーフラワーの
ブローチ

スワロフスキー・クリスタルをチェコパールで囲み、
シックな雰囲気に。フォーマルなシーンでも
活躍しそうなブローチです。

Design RIEN
材料費：¥1,176

CHAPTER 1
Accessory

How to make ≫→ P.60

NO. 13

チェコファイアポリッシュの
多角形ヘアゴム

キラキラとしたブルーとホワイトオパールのビーズで
凛とした表情に。
花形の透かしパーツでアクセントを付けます。

Design　RIEN
材料費：¥485

How to make ≫→ P.61

NO. 14

チェコファイアポリッシュの
ハート形ヘアゴム

愛らしいハートのモチーフは
シンプルなデザインがおすすめ。
色違いでアレンジしても良いでしょう。

Design 奥美有紀
材料費：各¥420

CHAPTER 1
Accessory

NO. 15
チェコパールのヘアピン

チェコパールと
チェコラウンドビーズの質感を組み合わせて。
毎日のヘアアレンジが楽しくなりそう。

Design RIEN　材料費：¥990

How to make ≫ P.62

How to make ≫ P.63

NO. 16
チェコツインビーズのヘアピン

チェコツインビーズをメインにした
上質なデザイン。シンプルだからこそ、
チェコビーズの魅力が引き立ちます。

Design aoka　材料費：¥109

How to make ▶▶▶ P.64

NO. 17

チェコラウンドビーズの
ホワイトバレッタ

すき間にチェコツインビーズを編み込むことで、
繊細な雰囲気を醸し出すことができます。
あえてホワイトでまとめることで可憐な仕上がりに。

Design RIEN

材料費：¥941

CHAPTER 1
Accessory

NO. 18

チェコツインビーズの
ブルーバレッタ

パステルブルーのチェコツインビーズで
彩りをプラス。ホワイトオパールの
ストーンとの相性も抜群です。

Design RIEN
材料費：¥1,160

How to make ⟫→ P.65

19
How to make ⟫ P.66

21
How to make ⟫ P.68

20
How to make ⟫ P.67

NO. 19 チェコシズクビーズの
モチーフセットアップ
ネックレス

クリアビーズのネックレスは身に着けるだけで
顔回りも華やかな印象になります。
Design aoka　材料費：¥870

NO. 20 チェコシズクビーズの
モチーフセットアップ
ブレスレット

グリーンがメインのお花を一点だけ
加えることでアクセントが生まれます。
Design aoka　材料費：¥506

NO. 21 チェコピップビーズの
モチーフセットアップ
イヤリング

クリーム色のチェコパールは
大人の女性の装いにぴったり。
Design aoka　材料費：¥577

CHAPTER **2** Small Articles

普段使いしているものを女性らしく

チェコビーズで作る格上げ小物

慣れてきたら、編み方を変えたり、
刺しゅうを取り入れたり、とっておきの
小物作りにチャレンジしてみましょう。
普段何気なく使っているものにも、
愛着がわくこと間違いなし。

NO. 22

チェコシズクパールの
マグネット

チェコシズクパールをお花のようにあしらい、
爽やかなグリーンとイエロー、ホワイトの
スクエアビーズで囲みました。
シルバーの丸小ビーズで上品さをプラス。

Design aoka
材料費：¥466

NO. 23

チェコパールの
フリンジマグネット

マグネット部分にはラウンドビーズを
敷き詰めました。特小ビーズで作られた
フリンジが大人っぽい雰囲気を
醸し出しています。

Design aoka
材料費：¥487

CHAPTER 2
Small Articles

How to make ▶▶▶ P.78

How to make ▶▶▶ P.79

How to make ⟫→ P.80

NO.24

チェコパールとビジューの
スカーフ留め

チェコパールを贅沢に使ったスカーフ留め。
主役級のアクセサリーとして、
そっと添えたい美しさがあります。
万能色の白は、スカーフの柄を選びません。

Design aoka
材料費：¥690

CHAPTER 2
Small Articles

NO. 25

チェコダガーと
チェコピップのシューズクリップ

マットな輝きを放つブルーのチェコダガーに
女性らしいピンクの丸小ビーズが彩りを添えます。
シンプルなパンプスも特別な一足に変身。

Design　aoka

材料費：¥568

How to make ≫→ P.81

26
How to make ≫→ P.82

27
How to make ≫→ P.83

NO. 26
チェコピップビーズの
イエローボタン

チェコピップビーズと透明感のあるブルーの
チェコラウンドビーズが相性抜群。
鞄や襟元にさりげなく着けたい。

Design aoka
材料費：¥319

NO. 27
チェコパールと
丸小ビーズの水色ボタン

チェコパールとデザイン丸カンを組み合わせて
ジュエリー感をアップ。爽やかな水色に合わせた
マリーゴールドの丸小ビーズが全体を引き締めています。

Design aoka
材料費：¥342

NO. 28

チェコパールと
チェコシズクビーズの
ペンチャーム

クリアピンクとパールブルーの色の
組み合わせがエレガント。揺れる度に
チェコシズクビーズがキラキラと輝きます。

Design aoka

材料費：¥62

NO. 29

チェコファイアポリッシュの
ペンチャーム

女性らしいクラウン風のモチーフが
目を引きます。シンプルなペンに彩りを添えてくれる
とっておきのペンチャームです。

Design aoka

材料費：¥208

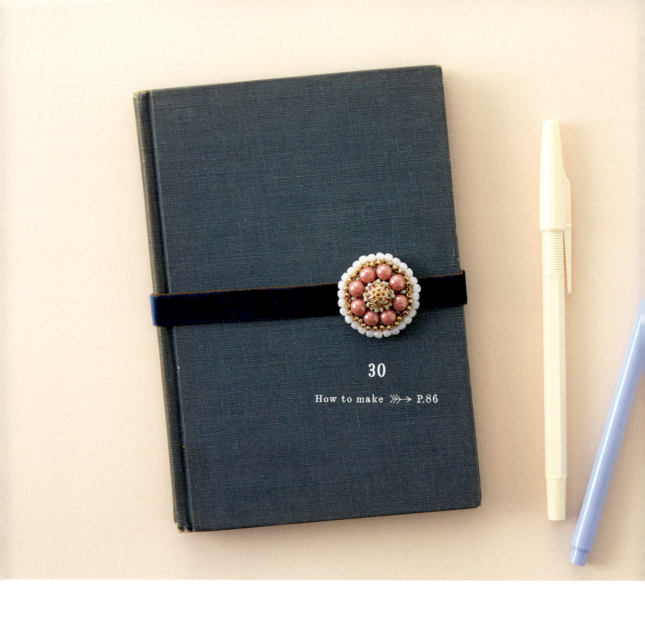

NO. 30
ピンクチェコビーズの
手帳用バンド

ピンクのラウンドビーズと花座で
かわいらしく仕上げました。ベルベット素材のリボンは
エレガントな女性にマッチ。

Design aoka
材料費：¥1,029

NO. 31
チェコラウンドビーズの
サークルキーホルダー

大きめのチェコラウンドビーズが
インパクト抜群。透かしパーツを使うことで
作品に軽やかさが生まれます。

Design aoka
材料費：¥337

CHAPTER 2

Small Articles

32
How to make →→→ P.88

31
How to make →→→ P.87

NO. 32

チェコビーズの
フリンジキーホルダー

大きさの異なるラウンドビーズをふんだんに使った、
フリンジ風のキーホルダー。バックやポーチなどに
オリジナリティをプラス。

Design aoka

材料費：パープル￥267／グリーン￥320

How to make ≫→ P.89

NO. 33

チェコビーズのラウンドモチーフと
パスケースチェーン

太めのチェーンにも、ラウンドビーズを
編み込むことで女性らしさが出せます。
チェコシズクビーズのモチーフをポイントに。

Design aoka

材料費：¥601

CHAPTER 2
Small Articles

How to make ⋙ P.90

NO. 34

チェコシズクビーズ刺しゅうの
ティッシュポーチ

チェコシズクビーズで作ったお花が
ネイビーに映えます。手持ちのティッシュポーチに、
さっと刺しゅうするのもおすすめです。

Design aoka
材料費：¥378

How to make ▶▶▶ P.91

NO. 35

チェコファイアポリッシュの
しおり

チェコファイアポリッシュと
チェコシズクビーズの組み合わせが華やか。
読書タイムが楽しくなりそうな一品です。

Design aoka

材料費：ブルー¥229／ホワイト¥100

NO. 36
チェコシズクカットビーズのしおり

落ち着いたカラーをセレクトして
全体を大人っぽくまとめたしおり。
チェコシズクカットビーズの形を活かして扇形に編みました。

Design aoka

材料費：クリア×トパーズ¥157／ピンク×ホワイト¥224

How to make ≫→ P.92

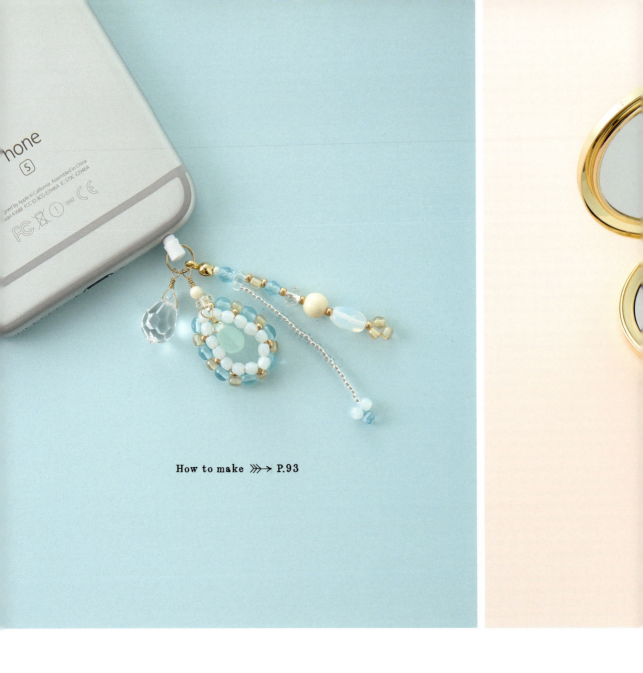

How to make ⟫⟫⟫ P.93

NO. 37

チェコビーズのドロップサークル イヤホンジャック

さまざまな形のチェコビーズを組み合わせることで、
メリハリが生まれます。ラウンドビーズを編んで
シズク形に仕上げました。

Design　aoka

材料費：¥351

CHAPTER 2
Small Articles

How to make ›»→ P.94

NO. **38**

チェコパールの
コンパクトミラー

女性らしいパステルパープルの布を挟み、
お花のような刺しゅうを施しました。
持っているだけで女子力が上がりそう。

Design　aoka

材料費：¥1,271

How to make >>>→ P.95

NO. 39

丸小ビーズと特小ビーズの腕時計

大人っぽいゴールドの時計は
特小ビーズを編み込むことで強度もアップ。
手元を華やかに彩ります。

Design aoka
材料費：¥3,231

CHAPTER **3** How to make

Chapter1の
チェコビーズアクセサリーの
作り方

ここでは、Chapter1で紹介したアクセサリーの
作り方を紹介します。気になる作品は
どんどんチャレンジしてみましょう。
ビーズのカラーを変えて、
オリジナリティを出しても良いでしょう。

アクセサリー作りの基本の道具

アクセサリーを作る時に必要となる基本的な道具を紹介します。
手芸店やホームセンターで揃えましょう。

丸やっとこ

挟む部分が丸くなっている。9ピンの先端を丸めたり、めがね留めを作る時に使う。

平やっとこ

挟む部分が平らになっている。丸カンやCカンを開く時や、つぶし玉の処理に使う。

ニッパー

ピン類やワイヤーをカットする時に使う。糸や布を切るのには向かない。

ハサミ

テグスや糸、布を切る時に使う。ワイヤーを切る時はニッパーがおすすめ。

目打ち

チェーンの穴を広げる時などに使う。チェーンの穴の大きさによって使い分ける。

ビーズ針

本書ではビーズステッチ専用糸を通しているが、2号程の細さならテグスも使用できる。

メジャー

ワイヤーやテグスの長さを測る時に使う。

マスキングテープ

テグスの端などに巻き付け、目印として使う。

ビーズトレイ

細かな材料を種類ごとに分けて使う。

接着剤

金具同士の接着や、テグスの結び目を丈夫に仕上げたい時などに使用する。

ワイヤー

ビーズに通してめがね留めパーツを作りたい時などに使用する。太さや色もさまざま。

テグス

アクセサリーになった時に目立たないようにクリアカラーのものを使用するのが基本。

ビーズステッチ専用糸

ビーズ刺しゅう専用に作られているナイロン製の糸。ヨレにくいタイプを選ぶと良い。

PART 3
How to make

アクセサリー作りの基本の材料

アクセサリーを作る時に必要となる基本的な材料を紹介します。
サイズや形はさまざまなものがあります。

1. 金具類

丸カン・Cカン
パーツ同士をつなげる時に使用する。アクセサリー作りで最も基本的な金具の1つ。

引き輪
ネックレスなどの端に付ける金具。アジャスターなどと組み合わせる。

Tピン・9ピン
ビーズを通し、先端を丸めてパーツを作る時に使う。

ボールチップ
テグスや糸端の処理に使う。つぶし玉と合わせて使うことも多い。

Vカップ
ボールチェーンの端に付け、留め具などのパーツとつなげる時に使う。

つぶし玉
ボールチップと合わせて糸端の処理などに使う。

アジャスター
引き輪などの留め具と合わせて使う。ネックレスやブレスレットの長さを調整できる。

ピアス金具
ピアスを作る時にビーズなどをつなげて使う。さまざまなデザインがある。

イヤリング金具
シャワー部分にビーズなどを留め付け、イヤリングとして使う。

マグネットクラスプ
アクセサリーの留め具。マグネットを使っているので留め外しが簡単にできる。

ブローチピン
裏面が平らなパーツなどに貼り付けたり、縫い付けて使うブローチ金具。

ヘアピン
丸皿の部分にモチーフなどを貼り付けることができるヘアピン。

カブトピン
モチーフやパールをピンのカン部分につなげて使うブローチ金具。

リング台
ビーズを固定してリングを作る。シャワータイプや透かしパーツタイプなど種類はさまざま。

透かしパーツ
本書のアクセサリーでは主にビーズを編み付け、アクセサリー金具と接着して使用。

石座
穴のないビーズを固定する時に使う。ビーズのサイズや形に合わせて選ぶ。

チェーン
ネックレスなど、大きめのビーズと丸カンをつなげてパーツを作る時に使用。

シャワーバレッタ金具
シャワー部分にビーズを編み付けて使用する。色、サイズなど種類も豊富。

ヘアゴム
ヘアアクセサリー用。丸皿付きのものは接着剤でパーツを取り付けられる。

2. チェコビーズ

チェコファイアポリッシュ
丸みのあるカットが特徴的なチェコビーズ。チェコFPなどと表記されることもある。

チェコシズクビーズ
涙形のチェコビーズ。たて穴タイプとよこ穴タイプがあり、編み付け方も変わる。

チェコピップビーズ
プレス加工され、平らな水滴のような形をしたチェコビーズ。

チェコラウンドビーズ
丸い形のチェコビーズ。さまざまな色とサイズがある。

チェコパール
チェコビーズにパール加工を施したビーズ。本物の真珠のような輝きがある。

チェコシズクカットビーズ
水滴のような形のチェコビーズにカット加工を施したもの。

チェコシードツイン
オーバル形のチェコビーズに穴が2つ空いたもの。

チェコボタンカットビーズ
熱加工で丸みを持たせたビーズ。色、サイズの展開もさまざまある。

チェコダガービーズ
ダガーが「短剣」を意味するように、短剣のように鋭い形をしている。

チェコベビーフラワー
プレス加工によってかわいらしい花の形に成形されたチェコビーズ。

チェコマロンカットビーズ
平らな栗のような形にカットを施している。光をより多く反射する。

PART 3
How to make

チェコビーズの基礎知識

● カットの種類

ファイアポリッシュ
熱加工でカットに丸みを作ったチェコビーズ。チェコビーズの定番で、さまざまなサイズと色を展開している。

マシンカット
マシンカットが施されたチェコビーズ。カットのエッジが鋭く、多面でシャープな印象のビーズが多い。

プレス
プレス加工が施されたチェコビーズ。定番のピップや花形のほかにもユニークなデザインが多い。

● 色の種類

オパール
乳白色がベースになった色。柔らかな色合いのパステルカラーが多い。

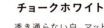
チョークホワイト
透き通らない白。マットな印象で、カジュアルなデザインに適している。

ムーンシャイン
クリスタルカラーにほかの色を加えたカラー。さまざまな色展開がある。

● コーティングの種類

ラスター
チェコビーズの表面に、全体が輝くようなコーティングがされているビーズ。

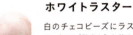
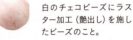
ホワイトラスター
白のチェコビーズにラスター加工（艶出し）を施したビーズのこと。

パール
チェコビーズの表面にパール加工を施したビーズ。形や色のバリエーションが豊富。

3. その他のビーズ・パーツ

デリカビーズ
とても小さく、ペヨーテ編みなどに適している。

丸大ビーズ
外径が3mm程のとても細かなビーズ。モチーフを作ったり、ポイント使いにぴったり。

丸小ビーズ
外径が2〜2.2mmと、丸大ビーズよりもさらに小さなビーズ。より繊細なデザインを表現できる。

特小ビーズ
外径が1.5mm程で、数あるビーズのなかでも最小のサイズ。ビーズトレイなどにまとめると散らばらない。

スワロフスキー・クリスタル
スワロフスキー社製のガラスビーズ。ガラスの透明度が高く、1つひとつのクオリティーが高いビーズ。

アクリル玉
アクリル樹脂でできている軽くて安価なビーズ。大きさや形の種類はさまざまある。

キュービックチャトン
輝きの強い人工石を石座に固定したビーズ。石座に穴があり、テグスなどを通せる。

アクリルパーツ
テグスなどを通す穴がないので、形・サイズの合った石座に固定する。爪付きのものはそのまま糸が通せる。

アクセサリー作りの基本のテクニック

金具の扱い方の基本や、糸端の処理の仕方など
アクセサリーを作る上で知っておきたいテクニックを紹介します。

◤ 丸カン・Cカンの開閉の仕方

1 / 丸カンを持つ
カンのつなぎ目が上になるようにして平やっとこ2本で挟んで持つ。

2 / 丸カンを開く
左手を手前に、右手を奥に向かって回転させるようにして開く。

3 / パーツに通す
開いた丸カンをつなぎたいパーツに通す。

4 / 丸カンを閉じる
丸カンをつなぎ目が上になるようにやっとこで持ち、開いた時とは逆に回転させて閉じる。

5 / 完成
丸カンがしっかりと閉じたら、完成。

開閉の良い例・悪い例

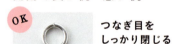

OK つなぎ目をしっかり閉じる
丸カンやCカンは、一度開いたつなぎ目をぴったりと合わせて閉じると仕上がりがきれい。

NG 歪んだ状態はパーツが外れる原因
丸カンを開く時に前後ではなくよこに開いたり、つなぎ目がずれたりしているのは失敗。

◤ 9ピンの丸め方

1 / 折りグセを付ける
9ピンにビーズを通し、ビーズのきわを平やっとこで挟んで軽く折りグセを付ける。

2 / 9ピンを曲げる
折りグセに沿って、9ピンをビーズのきわから直角に曲げる。

3 / カットする
ビーズのきわから7mm程のところで、9ピンをニッパーでカットする。

4 / 丸める準備をする
9ピンの先端を丸やっとこで挟む。

5 / 9ピンを丸める
手首をひねるようにして、丸やっとこを一気に回転させて、9ピンを丸める。

6 / 輪を整える
ビーズの両端にできた輪を平やっとこで挟み、輪の向きを揃える。

きれいに丸めるコツ

手のひらを上に向ける
9ピンの先端を丸やっとこで挟む時、丸やっとこを持つ手は手のひらを上に向けると、丸めやすい。

PART 3
How to make

■ キヘイチェーンの切り方・穴の広げ方

1 端を目打ちで押さえる
チェーンの端を目打ちで押さえる。

2 チェーンを切る
目的の長さよりも1コマ分外のコマの中心をニッパーで切り、切ったコマは取り除く。

3 チェーンの穴を広げる
厚紙の上でチェーンの端のコマに目打ちを当て、グリグリと回して広げる。

Before　After
チェーンの穴を広げることで、丸カンなどのパーツがつなげやすくなる。

■ ボールチェーンの切り方

ボールの間を切る
目的の長さのボール部分と1つ外のボールの間をニッパーで切る。

ボールチェーンの端の処理の種類

Vカップ
ボールチェーン専用のエンドパーツを付ければ、留め具とつなげることができる。

コネクター
ボールチェーンの両端をはめて使う。取り外しが簡単で使いやすい。

■ ボールチップの処理の仕方

1 ボールチップを通す
ボールチップの開いた口がテグスの端を向くように、ボールチップの穴にテグスを通す。

2 テグスを数回結ぶ
ボールチップからテグスが抜けないように、端を数回結んで結び目を作る。

3 接着剤を付ける
結んだテグスの余分な部分をニッパーで切り、結び目に接着剤を付ける。

4 ボールチップを閉じる
接着剤が乾いたら、ボールチップを平やっとこで挟んで閉じる。

5 ボールチップのカンを閉じる
ボールチップのカンを丸やっとこでしっかりと閉じる。

6 完成
テグスの端のボールチップの処理が完成。

ボールチップとつぶし玉の処理

1 / つぶし玉を通す
ワイヤーにボールチップとつぶし玉を通し、ワイヤーを1周させてつぶし玉に通す。

2 / つぶし玉をつぶす
ワイヤーを引き締め、つぶし玉を平やっとこでつぶす。

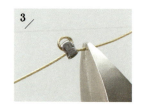
3 / ワイヤーを切る
余分なワイヤーをつぶし玉のきわでニッパーで切る。

4 / ボールチップを閉じる
ボールチップを平やっとこで挟んで閉じる。

ボールチェーンとVカップの処理

1 / ボールチップを切る
ボールチップを目的の長さのところでニッパーで切る。

2 / Vカップに入れる
ボールチェーンの大きさに合ったVカップのくぼみに端のボール1個を入れる。

3 / Vカップを閉じる
Vカップを平やっとこで挟んで閉じる。

4 / 完成
Vカップをしっかりと閉じたら完成。Vカップに留め金具などをつなげる。

めがね留めの仕方（たて穴）

1 / ビーズにワイヤーを通す
ワイヤー10cmの中心にビーズを通し、きわから1～2mmすき間を空けて曲げる。

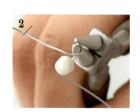
2 / 輪を作る
片方のワイヤーを丸やっとこに巻き付けて輪を作る。

3 / 輪の大きさは0.5mm程
ワイヤーを巻き付ける時に丸やっとこの先端に巻き付けるときれいな輪になる。

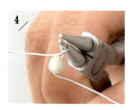
4 / ワイヤーを巻き付ける
丸やっとこを通したまま、輪の根本にワイヤーを2回巻き付ける。

5 / 重ならないように注意
ワイヤーは重ならないように、輪の根本からビーズに向かって巻き付ける。

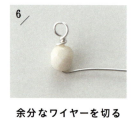
6 / 余分なワイヤーを切る
余分なワイヤーをビーズのきわでニッパーで切る。

7 / 切り口を処理する
6で切ったワイヤーの切り口でケガをしないよう、平やっとこで押さえて馴染ませる。

8 / めがね留めの完成
反対側のワイヤーも2～7と同様にして輪を作れば、めがね留めの完成。

PART 3
How to make

めがね留めの仕方（よこ穴）

1 ビーズにワイヤーを通す
ワイヤー10cmにビーズを通し、端から2cmで曲げる。反対側も同様にビーズの形に沿って曲げる。

2 ワイヤーをねじる
ワイヤーが交差したところの少し上を平やっとこで押さえ、2回ねじる。

3 ワイヤーを切る
短いほうのワイヤーをねじったところのきわでニッパーで切る。

4 輪を作る
残ったほうのワイヤーを直角に曲げ、丸やっとこに巻き付けて輪を作る。

5 ワイヤーを巻き付ける
丸やっとこを通したまま、輪の根本にワイヤーを2回巻き付ける。

6 重ならないように注意
ワイヤーは重ならないように、輪の根本からビーズに向かって巻き付ける。

7 余分なワイヤーを切る
余分なワイヤーをビーズのきわで切り、切り口を平やっとこで押さえて馴染ませる。

めがね留めの仕方（Tピン）

1 ビーズにTピンを通す
Tピンにビーズを通し、きわから1～2mmすき間を空けて平やっとこで折りグセを付ける。

2 Tピンを曲げる
折りグセに沿って、Tピンを直角に曲げる。

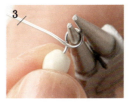

3 輪を作る
Tピンを丸やっとこに巻き付けて輪を作る。

4 輪を押さえる
輪全体を平やっとこで押さえ、残りのTピンの端を平やっとこで持つ。

5 Tピンを巻き付ける
輪の根本にTピンを2回巻き付ける。

6 重ならないように注意
巻き付けたTピンが重ならないように、輪の根本からビーズに向かって巻き付ける。

7 余分なワイヤーを切る
巻き付けて残った余分なTピンをビーズのきわでニッパーで切る。

8 切り口を処理する
切り口を平やっとこで押さえて馴染ませたら完成。

テグスの扱い方

テグスはビーズを編んだり金具に留め付けたりと、アクセサリー作りに欠かせません。
上手に使ってきれいに仕上げましょう。

◣ テグスの切り方　◣ クセ取り

斜めに切る

テグスに対してハサミを斜めに入れて切る。切り口を斜めにするとビーズに通しやすい。

蒸気をあてる

蒸気アイロンをテグスから10cm程離し、蒸気のみを当てる。

クセを取ると真っすぐになり使いやすい。アイロン以外に、熱湯にサッとくぐらせてもOK。

◣ 基本の編み方（交差編み）

1／ ビーズを通す

テグスの中心にビーズ1個を通す。さらに両端にビーズを1個ずつ通す。

2／ テグスを交差させる

新たなビーズ1個でテグスの両端を交差させる。

3／ テグスを引き締める

テグスの両端を引いて引き締める。交差編みが1回できた状態。

4／ 繰り返す

1～3を繰り返し、アクセサリーに必要な回数編む。

◣ シャワー台に留め付ける

1／ テグスを通す

シャワー台の裏から表にテグスを出し、ビーズを通して隣の穴にテグスを戻す。

2／ テグスを引き締める

テグスの端にマステを貼って目印を作る。テグスを引き締め、ビーズを留め付けたら次の穴からテグスを表に出す。

3／ 繰り返す

1～2を繰り返して指定数のビーズを留め付けたら、裏で数回テグスの両端を結ぶ。

4／ テグスを処理して固定

余分なテグスを切り、結び目に接着剤を付けて乾燥させたら、シャワー台をリング金具などに固定する。

ペヨーテ編みの処理

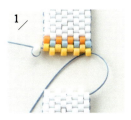

1 編み終わりを処理

編み終わりの糸を通した針を編みはじめの1段目の端のビーズに通す。

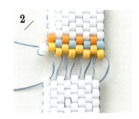

2 交互につなぐ

両端のビーズに編み終わりの糸を交互に通してつなぎ合わせる。

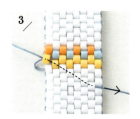

3 右斜めに針を通す

スタートの黄色の1段目のビーズに針を通す。右斜め下に向かって針を進め、右から2番目のビーズで針を出す。

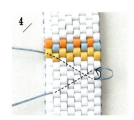

4 左斜めに針を通す

針をすぐ真上のビーズに通す。左斜め下に向かって針を進め、左から2番目のビーズで針を出す。

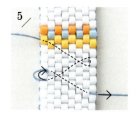

5 右斜めに針を通す

針をすぐ真上のビーズに通し、右斜め下に向かって針を通し、右から2番目のビーズで針を出す。

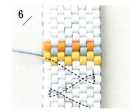

6 テグスを切る

編み終わりの糸を編み地に3回通し戻したら、ビーズのきわで糸を切る。

7 編みはじめを戻す

編みはじめの糸も3〜5と同様に編み地に3回通し戻す。

8 完成

糸をビーズのきわで切ったら、完成。

糸の処理の仕方

1 テグスを結ぶ

テグスの両端を2〜3回固結びする。

2 通し戻す

片方のテグスを1つ前のビーズに通し戻す。

3 結び目を隠す

通し戻したテグスを引っ張り、結び目をビーズの中に隠す。

4 通し戻す

さらにビーズ1〜2個分、テグスを通し戻す。

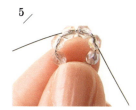

5 引っ張りすぎない

テグスを通し戻す時、引っ張りすぎるとビーズの中に隠れた結び目が見えてしまうので注意。

6 反対側も通し戻す

反対側のテグスもビーズ2〜3個分通し戻す。

7 テグスを切る

テグスを軽く引っ張りながら、ビーズのきわでテグスを切る。

8 完成

テグスの切り口がビーズからはみ出さなければ、完成。

NO. 1

チェコピップビーズ 花のネックレス ≫ P.6

完成サイズ：首回り約50cm

材料

チェコビーズ
（ピップ・5×7mm・オリーブアラバスター）★ ‥54個
（ラウンド・4mm・オペークベージュ）‥‥‥45個

TOHO丸小ビーズ（クリーム）★
‥‥‥‥‥‥‥‥‥‥‥‥216個

爪付きアクリルパーツ
A（ダイヤモンドカット・6mm・ホワイトオパール）‥‥‥3個
B（ダイヤモンドカット・4mm・ホワイトオパール）‥‥‥3個

透かしパーツ
大（花10弁・20mm・ゴールド）★ ‥‥‥‥‥‥‥‥‥‥3個
小（花6弁・15mm・ゴールド）★ ‥‥‥‥‥‥‥‥‥‥3個

9ピン（0.7×15mm・ゴールド）★ ‥‥‥‥‥‥‥‥‥45本

丸カン（0.7mm×35mm・ゴールド）★ ‥‥‥‥‥‥‥‥1個

マグネットクラスプ（NB-2・8×13mm・ゴールド）★‥‥1組

テグス（2号・クリア）★ ‥‥‥‥‥‥100cm×6本

材料提供：貴和製作所（★マークの付いた材料のみ）
材料に関するお問い合わせ先はP.96をご確認ください。

❶ パーツを作る

①テグス100cmに丸小ビーズ30個を通し、図のように交差編みで編み、1周回す。同じようにして全3個を完成させる。

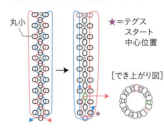

②爪付きアクリルパーツAを①のパーツの中心に入れ、片方のテグスを丸小ビーズに1周回し通して、爪付きアクリルパーツAを編む。

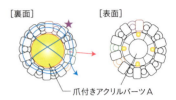

③②に続けて丸小ビーズとピップをさらに10個編み付ける。

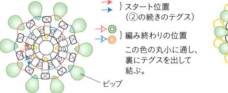

④パーツのテグスで透かしパーツ大に留め付け、パーツAを3個作る。

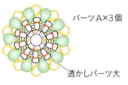

⑤テグス100cmに丸小ビーズを24個通し、図のように交差編みで編み、1周回す。同じようにして全3個を完成させる。

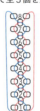

⑥②と同じようにして爪付きアクリルパーツBを編む。続けて丸小ビーズとピップをさらに8個ずつ編み付ける。パーツのテグスで透かしパーツ小に留め付け、パーツBを3個作る。

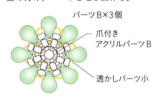

❷ 仕上げる

①9ピンとラウンドでパーツCを45個作る。

②図のようにパーツをつなげ、留め具を取り付ける。

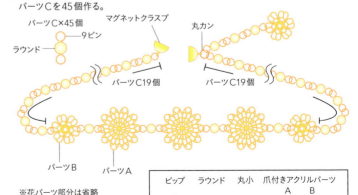

※花パーツ部分は省略

NO. 2 チェコシズクビーズの交差編みネックレス ≫≫ P.7

完成サイズ：首回り約40cm

材料

チェコビーズ
- A（シズクよこ穴・9×6mm・ライトコロラドトパーズラスター）……4個
- B（シズクよこ穴・9×6mm・ロザリンAB）……11個
- C（シズクよこ穴・7×5mm・ロザリンAB）……30個
- （ラウンド・4mm・ピンク）……28個
- （ピップ・5×7mm・イエローレインボー）★……24個
- （マロンカット・11×10mm・ロザリンAB）……2個

チェコファイアポリッシュ (FP)
- A（3mm・ピンク）……44個
- B（3mm・ホワイトパール）★……13個

チェコパール
- A（ラウンド・6mm・ホワイト）★……11個
- B（ラウンド・4mm・ホワイト）★……36個

TOHO 特小ビーズ（ゴールド）★……112個

9ピン（0.6×30mm・ゴールド）★……3本

丸カン
- A（0.7×3.5mm・ゴールド）★……2個
- B（0.8×4mm・ゴールド）★……2個

ボールチップ国産（3mm・ゴールド）★……2個

引き輪（7mm・ゴールド）★……1個

アジャスター（ゴールド）★……1個

チェーン（コバン・約2mm幅・ゴールド）★……0.8cm、1cm

テグス（4号・クリア）★……100cm×2本

材料提供：貴和製作所（★マークの付いた材料のみ）
材料に関するお問い合わせ先はP.96をご確認ください。

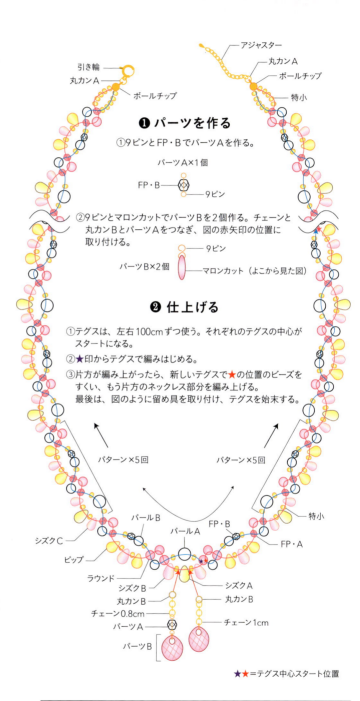

★★=テグス中心スタート位置

※FPはファイアポリッシュの略

NO. 3 チェコパールのシンプルリング ≫ P.8

完成サイズ：モチーフ部分直径約2cm

材料

チェコパール
A（ラウンド・3mm・オフホワイト）
・・・・・・・・・・・・・・・・・・10個
B（ラウンド・4mm・
つや消しシルキーホワイト）
・・・・・・・・・・・・・・・・・・11個

チェコビーズ
（ベビーフラワー・4×6mm・
アンティークピンクベージュ）
・・・・・・・・・・・・・・・・・・2個
（ナルシス・7mm・
ホワイトオパール）・・・・1個

爪付きアクリルパーツ
（ダイヤモンドカット・6mm・
ホワイトオパール）・・・・・・1個

丸小ビーズ（クリアブラウン）・・・3個

透かしパーツ（花10弁・20mm・
ゴールド）・・・・・・・・・・・・1個

透かしリング台（花10弁・20mm・
ゴールド）★・・・・・・・・・・1個

テグス（2号・クリア）★
・・・・・・・・・・・・50cm、100cm

ビーズ針・・・・・・・・・・・・1本

❶ パーツを作る

①針にテグス50cmを通してパールA［図1］を、針にテグス100cmを通してパールB［図2］をそれぞれ通し、2周させて輪にする。最後は固結びする。（針の図は省略）

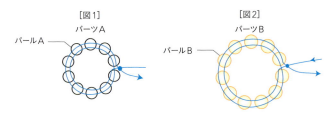

②図のようにパーツA、パーツB、ベビーフラワー、ナルシス、丸小を透かしパーツに留め付けていく。

1 透かしパーツの裏側からパーツBのテグスを出す。針にテグスを通し、中心に爪付きアクリルパーツを留め付け、パーツB、ベビーフラワー、ナルシスを留め付ける。

2 透かしパーツの裏側からパーツAのテグスを出す。針にテグスを通し、パーツAを図のように通して留め付ける。

3 透かしパーツの裏側でテグスを固結びをする。テグスを透かしパーツと表のパールのすき間に通して、軽く引いてからテグスを切ると、結び目が目立たない。

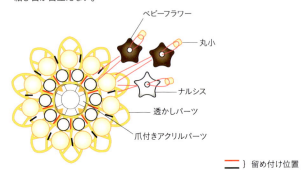

❷ 仕上げる

パーツをリング台に接着剤で付ける。

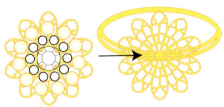

※ベビーフラワー、ナルシス、丸小は省略

パール		ベビーフラワー	ナルシス	爪付きアクリルパーツ	丸小
A	B				

材料提供：貴和製作所（★マークの付いた材料のみ）
材料に関するお問い合わせ先はP.96をご確認ください。

NO. 4 チェコシズクビーズのフラワーリング ≫ P.9

完成サイズ：モチーフ部分直径約2.5cm

材料

- チェコビーズ（シズクよこ穴・9×6mm・水色）……10個
- キュービックチャトン（ラウンド・3mm・クリスタル/RC）★……1個
- TOHO丸小ビーズ（アイボリー）★……24個
- TOHO特小ビーズ（中染シルバークリア）★……12個
- シャワーリング台（15mm・ロジウムカラー）★……1個
- テグス（3号・クリア）★……30cm×2本、60cm、40cm

❶ パーツを作る

①テグス30cmにシズクを通し、2周させて輪にする。最後はテグスを固結びし、始末する。

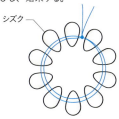

②テグス60cmで①をシャワー台に留め付ける。
　1 糸端を10cm残し、シャワー台1の穴の裏から表へテグスを出す。①のモチーフに渡るテグス位置1に引っ掛けてシャワー台1の穴へ戻る。
　2 同じように2〜10までモチーフの渡り糸にテグスを引っ掛けながら、シャワー台に留め付けていく。残しておいた糸端と結び、始末する。

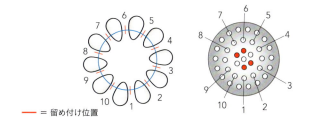

― = 留め付け位置

③テグス40cmで図のように編む。最後はテグスを結び、始末する。

★＝テグス中心スタート位置

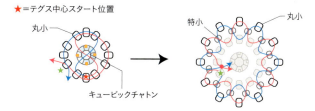

④テグス30cmで②の図の赤い印の穴4つを使い、③のモチーフのキュービックチャトンを留め付け、テグスを始末する。

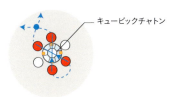

❷ 仕上げる

④の結び目に接着剤を付け、乾いたらテグスをカットし、リング台に取り付ける。

シズク	キュービックチャトン	丸小	特小

材料提供：貴和製作所（★マークの付いた材料のみ）
材料に関するお問い合わせ先は P.96 をご確認ください。

NO. 5 チェコシズクビーズのリング ≫ P.10

完成サイズ：モチーフ部分直径約2.5cm

材料

[ピンク]
チェコビーズ（シズクよこ穴・
　9×6mm・ピンクオパール）
　・・・・・・・・・・・・・・・・・・・19個
シャワーリング台（12mm・
　ゴールド）★・・・・・・・・・・・1個
テグス（6号・クリア）★・・・・・50cm

[ブルー]
チェコビーズ（シズクよこ穴・
　9×6mm・ライトブルー）・・・・19個
シャワーリング台（12mm・
　ロジウムカラー）★・・・・・・・・・1個
テグス（6号・クリア）★・・・・・50cm

❶ パーツを作る

①テグス50cmの糸端を図のように残し、シャワー台の外側から
　19個ビーズを通していく。19個目は、中心の穴に通す。
②残しておいた糸端としっかり結び、結び目に接着剤を付ける。

❷ 仕上げる

接着剤が乾いたら、リング台に取り付ける。

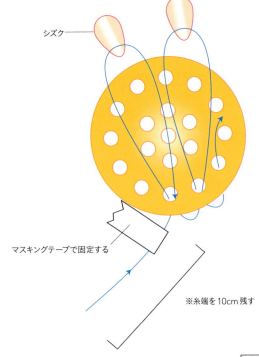

材料提供：貴和製作所（★マークの付い
た材料のみ）
材料に関するお問い合わせ先はP.96をご
確認ください。

NO. 6 チェコシズクビーズの イヤリング ≫≫ P.11

完成サイズ：モチーフ部分直径約2cm

材料

チェコビーズ
（シズクよこ穴・6×4mm・
ホワイトオパール）……20個
（ラウンド・3mm・トルコ
ホワイトラスター）★……20個

チェコファイアポリッシュ（FP）
（4mm・ホワイトオパール）★……4個

スワロフスキー・クリスタル（SC）
（#1088・ss29・パシフィック
オパール）★……………2個

TOHO特小ビーズ
（中染シルバークリア）★……10個

石座（#1088・ss29用・
ロジウムカラー）★……………2個

シャワーイヤリング金具（15mm・
ロジウムカラー）★……………1組

テグス（3号・クリア）★
……50cm×2本、30cm×4本

❶ パーツを作る

①テグス50cmで石座に固定したSCとラウンド、シズク、特小を編む。
最後は、テグスを固結びし、始末をする。

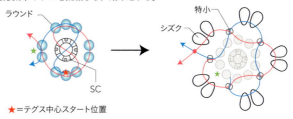

★＝テグス中心スタート位置

②テグス30cmでFPをシャワー台に編み付ける（パーツの土台になる）。
最後はテグスを固結びする。

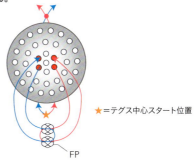

★＝テグス中心スタート位置

③テグス30cmで①をシャワーイヤリング金具のシャワー台に留め付ける。

1 糸端を10cm残し、テグスをAの穴の裏から表へ出し、パーツの渡り糸（赤い糸）をまたいでBの穴にテグスを入れる。

2 Cの穴の裏から表へ、再びテグスを出し、パーツの渡り糸をまたいでDの穴にテグスを入れる。残しておいた糸端と結ぶ。

※シズクと特小は省略

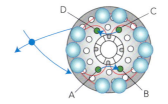
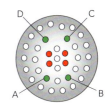

❷ 仕上げる

①結び目に接着剤を付け、乾いたらテグスをカットする。
②不安定なシズクのよこ穴部分に、接着剤を付けてシャワーイヤリング金具に
取り付ける。同じものをもう1つ作る。

シズク	ラウンド	FP	SC	特小

※SCはスワロフスキー・クリスタルの略
※FPはファイアポリッシュの略

材料提供：貴和製作所（★マークの付いた材料のみ）
材料に関するお問い合わせ先は P.96 をご確認ください。

NO. 7 チェコダガービーズのブルーピアス ≫ P.12

完成サイズ：全長約4.8cm

材料

チェコビーズ（ダガー・11×3mm・モンタナアラバスター）★・・・・2個
チェコファイアポリッシュ（FP）
　A（5mm・ターコイズブルー）・・・・・・・・・・・・・・・・・・2個
　B（5mm・モンタナラスター）★・・・・・・・・・・・・・・・・・・2個
　C（4mm・クリスタルAB）★・・・・・・・・・・・・・・・・・・1個
　D（4mm・シャンパンラスター）★・・・・・・・・・・・・・・・・・・1個
丸大ビーズ（ブルー）・・・・・・・・2個
丸小ビーズ（アンティークシルバーメタリック）・・・・・・・・30個
ピアス金具（フック式・シルバー）・・・・・・・・・・・・・・・・・・1組
丸カン（0.7×3mm・シルバー）・・・・・・・・・・・・・・・・・・2個
9ピン（0.7×12mm・シルバー）・・・・・・・・・・・・・・・・・・2本
Tピン（0.7×12mm・シルバー）・・・・・・・・・・・・・・・・・・6本
テグス（2号・クリア）★・・・・・・・・・・・・・・・・20cm×2本

❶ パーツを作る

①テグス20cmに図のように丸小、ダガーを通し、パーツAを作る。最後はテグスを固結びし、始末する。

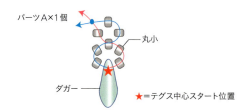

②FP・A～Cと丸小とTピンでそれぞれパーツB～Dを各2個、FP・Dと丸大と9ピンでパーツEを各2個作る。

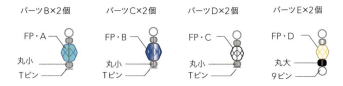

❷ 仕上げる

パーツAとパーツEをつなぎ、パーツB～Dをピアス金具に取り付ける。パーツEは丸カンで取り付ける。同じものをもう1つ作る。

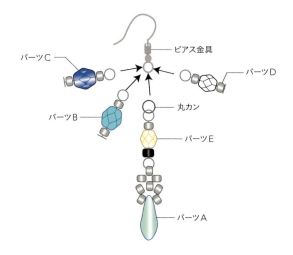

※FPはファイアポリッシュの略

材料提供：貴和製作所（★マークの付いた材料のみ）
材料に関するお問い合わせ先はP.96をご確認ください。

NO. 8 チェコツインビーズのピアス ≫ P.12

完成サイズ：全長約2.5cm

材 料

- **チェコシードビーズ**（ツイン・2.5×5mm・オペークピンクベージュ）..........20個
- **チェコパール**（ラウンド・3mm・つや消しブラウンゴールド）..10個
- **丸小ビーズ**（ゴールドメタリック）..........2個
- **爪付きアクリルパーツ**（ダイヤモンドカット・6mm・ホワイトオパール）..........2個
- **ピアス金具**（6mm・ゴールド）★..........1組
- **テグス**（2号・クリア）★..........50cm×2本

❶ パーツを作る

①テグス50cmに図のようにツイン、丸小、パール、爪付きアクリルパーツを通し、パーツを編む。最後はテグスを固結びし、始末する。

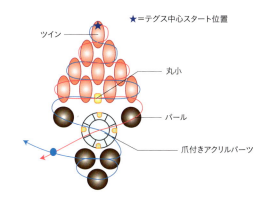

❷ 仕上げる

パーツをピアス金具に接着剤で取り付ける。同じものをもう1つ作る。

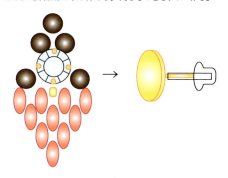

ツイン	パール	丸小	爪付きアクリルパーツ

材料提供：貴和製作所（★マークの付いた材料のみ）
材料に関するお問い合わせ先はP.96をご確認ください。

NO. 9 チェコファイアポリッシュのひし形ピアス ≫ P.12

∨∨∨∨ 完成サイズ：全長約3.5cm

材料

チェコファイアポリッシュ (FP)
　A（3mm・ホワイトパール）★
　・・・・・・・・・・・・・・24個
　B（3mm・アクアマリンAB）
　・・・・・・・・・・・・・・24個
　C（3mm・クリアライトAB）
　・・・・・・・・・・・・・・24個
TOHO 特小ビーズ
　（中染ゴールドクリア）★・・・32個
丸カン（0.7×3.5mm・ゴールド）★
　・・・・・・・・・・・・・・4個
チェーン（245SF・約2mm幅・
　ゴールド）★・・・1.1cm×2本
ピアス金具（キュービックカン付き・
　3mm・ゴールド）★・・・・・1組
テグス（2号・クリア）★
　・・・・・・・・・・・80cm×2本

❶ パーツを作る

①テグス80cmに図のようにFP・A〜C、特小を通し、パーツを編む。
　★＝テグス中心スタート位置

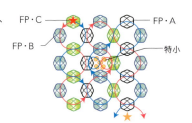

②①のモチーフをひっくり返し、外周のFPを拾いながら、新たにFPを重ねるように足して編んでいく。
　※赤枠を付けているFPが足すビーズ

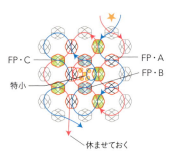

③外周のFPを拾いながら、特小を通してひし形に整える。最後は、テグスを固結びし、始末する。

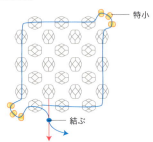

❷ 仕上げる

パーツをピアス金具に取り付ける。同じものをもう1つ作る。

※FPはファイアポリッシュの略

材料提供：貴和製作所（★マークの付いた材料のみ）
材料に関するお問い合わせ先はP.96をご確認ください。

NO. 10 チェコビーズのカブトピンブローチ ≫ P.13

完成サイズ：全長約4.7cm

材　料

チェコファイアポリッシュ (FP)
A（5mm・ホワイトオパール）★ ・・・・・・・・・・・・・・・・・・・3個
B（8mm・スモークブルー）・・3個

チェコビーズ
（ボタンカット・4×7mm・シャンパンラスター）★ ・・・・3個
A（ラウンド・4mm・アクアマリン）・・・・・・・・・6個
B（ラウンド・6mm・オパックピンクホワイトラスター）★ ・・・・・・・・・・・・・・・・・・・3個
（シズクよこ穴・7×5mm・オリーブラスター）★ ・・・・・・2個

チェコパール
A（ラウンド・6mm・Lt.クリーム）★ ・・・・・・・・・・・・・・・・・・・3個
B（ラウンド・3mm・つや消しシルキーホワイト）・・・・・・2個

丸小ビーズ（メタリックゴールド）
・・・・・・・・・・・・・・・・・・・15個

カブトピン（40mm・ゴールド）★
・・・・・・・・・・・・・・・・・・・1個

テグス（2号・クリア）・・・・・・120cm

材料提供：貴和製作所（★マークの付いた材料のみ）
材料に関するお問い合わせ先はP.96をご確認ください。

①カブトピンを固定してピンの端にテグス120cmを固結びする。

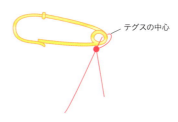

②テグスにビーズを通して2本を交差させる。
　そのテグスをピンの下で交差させて上に戻して固結びする。
　この作業を繰り返し、編んでいく。

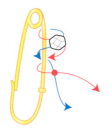

③図の順番でビーズをバランス良く編み付けていく。
　端まで通し終えたらもう1回しっかりと巻き付けて結び、
　結び目に接着剤を付け、乾いたら余分なテグスをカットする。

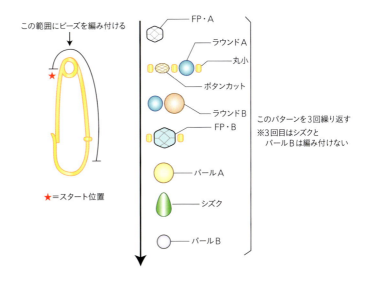

この範囲にビーズを編み付ける

★＝スタート位置

このパターンを3回繰り返す
※3回目はシズクとパールBは編み付けない

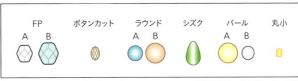

※FPはファイアポリッシュの略

NO. 11

チェコツインビーズの ピンクブローチ »» P.14

完成サイズ：たて約4.5cm、よこ約4cm

材料

チェコシードビーズ（ツイン・
　2.5×5mm・オペークピンクベージュ）
　・・・・・・・・・・・・32個
丸小ビーズ
　A（ホワイト）・・・・・・・・32個
　B（ピンク）・・・・・・・・64個
チェコパール（ラウンド・3mm・
　ピュアホワイト）4025106 ・・16個
チェコビーズ（ラウンド・4mm・
　チョークホワイトオリーブラスター）★
　・・・・・・・・・・・・16個
デリカビーズ（白ギョクラスター
　ラベンダー）・・・・・・・・64個
スワロフスキー・クリスタル（SC）
　（#4120・14×10mm・
　クリスタルパウダーローズ）・・1個
アクリル玉（ラウンド・4mm・
　つや消しピンク）・・・・・・16個
透かしブローチ金具（35mm・
　ゴールド）★・・・・・・・・1個
ビーズステッチ専用糸
　（#40・ホワイト）★・・・・100cm
テグス（2号・クリア）★・・・100cm
ビーズ針・・・・・・・・・・・1本

❶ パーツを作る

①針に糸100cmを通し、丸小Aを32個通す。（針の図は省略）

★＝糸スタート位置

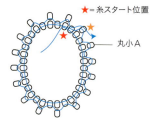

②外周に丸小Bを通し、内側に丸小Bを16個通していく。3段目まで丸小Bを編む。

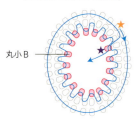

③続いて中心にSCを入れ、かぶせるようにして丸小Bを16個、デリカビーズを16個通す。

★＝糸スタート位置

④デリカビーズ16個を3周編み、外周を編む。最後は糸を結び、始末する。

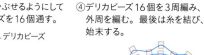

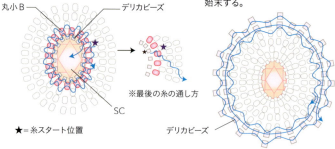

⑤テグス100cmで②の丸小Aを拾いながらビーズを編んでいく。

⑥ラウンドの間に丸小Aを通し、1周してツインと丸小Bとツインを図のように通していく。最後は、アクリル玉をツインの間に通して糸を固結びする。

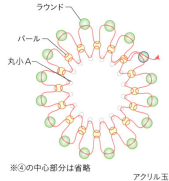

※④の中心部分は省略

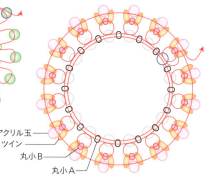

❷ 仕上げる

透かしパーツの裏からテグスを出し、パーツをテグスで4ヵ所留め付けて、ブローチ台に取り付ける。

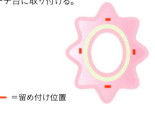

＝留め付け位置

ツイン	丸小		パール	ラウンド
	A	B		

デリカビーズ　SC　アクリル玉

※SCはスワロフスキー・クリスタルの略

材料提供：貴和製作所（★マークの付いた材料のみ）
材料に関するお問い合わせ先はP.96をご確認ください。

NO. 12 チェコベビーフラワーのブローチ ≫≫ P.14

完成サイズ：たて約4cm、よこ約4.3cm

材料

- チェコビーズ
  - （ベビーフラワー・4×6mm・アンティークピンクベージュ）……6個
  - （ラウンド・5mm・ホワイトオパール）……15個
- チェコパール（ラウンド・4mm・つや消しオフホワイト）……27個
- 丸小ビーズ
  - A（ホワイト）……32個
  - B（アンティークシルバーメタリック）……160個
  - C TOHO丸小ビーズ（クリアブラウン）★……6個
- デリカビーズ（白玉ラスター）……32個
- スワロフスキー・クリスタル（#4120・14×10mm・クリスタルパウダーブルー）★……1個
- 透かしパーツ（花形・40mm・ブロンズ）……1個
- ブローチピン（25mm・ゴールド）……1個
- ビーズステッチ専用糸（#40・ホワイト）★……100cm
- テグス（2号・クリア）★……100cm、50cm×各2本
- ビーズ針……1本

材料提供：貴和製作所（★マークの付いた材料のみ）
材料に関するお問い合わせ先はP.96をご確認ください。

❶ パーツを作る

①針に糸100cmを通し、丸小A、B、デリカビーズを通していく。（針の図は省略）

丸小A／丸小B／デリカビーズ／円を固定するために緑枠の丸小まで戻り、2周目に入る

★＝糸スタート位置

②ビーズの糸を締め、形を整えてSCを入れる。もう一度締めて形を整える。

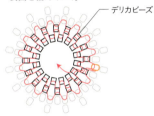

SC

③針をビーズに沿って内側に出す。

[拡大図]

④SCを中心に固定するために裏面を編んでいく。

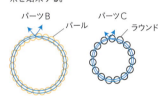

デリカビーズ

⑤隣のビーズの渡り糸に編み糸を絡めていく。3個程絡めて編み糸を切る。編みはじめの糸も同様に末端する。

[でき上がり図]
パーツA

⑥テグス100cmにパール、テグス50cmにラウンドを輪にして通す。2重にテグスを通し、固結びして糸を始末する。

パーツB／パール　パーツC／ラウンド

❷ 仕上げる

①パーツA～Cを図のように配置し、テグス50cmで透かしパーツに留め付けていく。

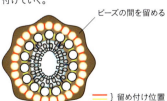

ビーズの間を留める
} 留め付け位置

②透かしパーツの裏から①のテグスを出し、ベビーフラワーと丸小Cを図の位置にテグスで留めて取り付ける。

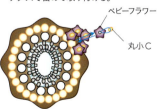

ベビーフラワー／丸小C

③透かしパーツの裏にブローチピンを接着剤で取り付ける。

ベビーフラワー／ラウンド／パール／丸小 A B C／デリカビーズ／SC

※SCはスワロフスキー・クリスタルの略

NO. 13 チェコファイアポリッシュの多角形ヘアゴム ≫ P.15

完成サイズ：モチーフ部分直径約 4 cm

材料

- チェコファイアポリッシュ (FP)
  - A (5mm・ブルー) ······ 6個
  - B (3mm・ブルー) ······ 6個
- ガラスビーズ (ボタンカット・6mm・ブルー) ······ 6個
- チェコビーズ (ラウンド・5mm・ホワイトオパール) ······ 6個
- チェコパール (ラウンド・3mm・ピュアホワイト) ······ 12個
- 丸小ビーズ (ライトブルー) ··· 24個
- 爪付きアクリルパーツ (ダイヤモンドカット・6mm・ホワイトオパール) ······ 1個
- 透かしパーツ (花形・40mm・ゴールド) ······ 1個
- ヘアゴム丸皿付き (13mm・黒)★ ······ 1個
- テグス (2号・クリア)★ ···· 150cm

❶ パーツを作る

①テグス150cmに図のように爪付きアクリルパーツ、ラウンド、丸小、FP・Aを通し、パーツを編んでいく。

[1] 図のように編む。

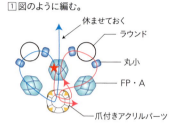

休ませておく
ラウンド
丸小
FP・A
爪付きアクリルパーツ
★＝テグス中心スタート位置

[2] [1]の要領で編む。

[3] 繰り返し編み進めていく。

[4] 最初のビーズにテグスを戻す。

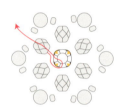

[5] 最後は、糸を固結びし、切らずに残しておく。

ボタンカット
FP・B
パール

❷ 仕上げる

①残しておいたテグスを透かしパーツの裏側から出し、ボタンカットにテグスを通してパーツを留め付ける。
②ヘアゴムの丸皿に接着剤で取り付ける。

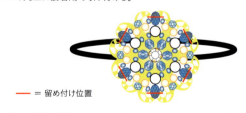

― ＝留め付け位置

| FP | | ボタンカット | ラウンド | パール | 丸小 | 爪付きアクリルパーツ |
| A | B | | | | | |

※FPはファイアポリッシュの略

材料提供：貴和製作所（★マークの付いた材料のみ）
材料に関するお問い合わせ先はP.96をご確認ください。

NO. 14

チェコファイアポリッシュの ハート形ヘアゴム ≫ P.16

完成サイズ：モチーフ部分たて約3.2cm、よこ約4.3cm

材料

[赤]
チェコファイアポリッシュ (FP) ★
　A (5mm・シャム)・・・・・・・27個
　B (4mm・シャム)・・・・・・・2個
TOHO 丸大ビーズ (赤) ★
　・・・・・・・・・・・・・・・・・・・・42個
TOHO 丸小ビーズ (クリアレッド) ★
　・・・・・・・・・・・・・・・・・・・・43個
ヘアゴム (リング・細・黒)・・・・1本
テグス (3号・クリア) ★
　・・・・・・・・・・・・・・100cm、50cm

[チョコ]
チェコファイアポリッシュ (FP) ★
　A (5mm・ローズAB)・・・・・27個
　B (4mm・ローズAB)・・・・・2個
TOHO 丸大ビーズ (ピンクキラスター) ★・・・・・・・・・・・・42個
TOHO 丸小ビーズ (ピンクキオーロラ) ★・・・・・・・・・・・・43個
ヘアゴム (リング・細・茶)・・・・1本
テグス (3号・クリア) ★
　・・・・・・・・・・・・・・100cm、50cm

[白]
チェコファイアポリッシュ (FP) ★
　A (5mm・チョークホワイト)
　・・・・・・・・・・・・・・・・・・・・27個
　B (4mm・チョークホワイト)
　・・・・・・・・・・・・・・・・・・・・2個
TOHO 丸大ビーズ
　(チョークホワイト) ★・・・・42個
TOHO 丸小ビーズ
　(チョークホワイト) ★・・・・43個
ヘアゴム (リング・細・黒)・・・・1本
テグス (3号・クリア) ★
　・・・・・・・・・・・・・・100cm、50cm

[ミルク]
チェコファイアポリッシュ (FP) ★
　A (5mm・ホワイトオパール)
　・・・・・・・・・・・・・・・・・・・・27個
　B (4mm・ホワイトオパール)
　・・・・・・・・・・・・・・・・・・・・2個
TOHO 丸大ビーズ
　(チョークホワイト) ★・・・・42個
TOHO 丸小ビーズ
　(チョークホワイト) ★・・・・43個
ヘアゴム (リング・細・茶)・・・・1本
テグス (3号・クリア) ★
　・・・・・・・・・・・・・・100cm、50cm

材料提供：貴和製作所 (★マークの付いた材料のみ)
材料に関するお問い合わせ先は P.96 をご確認ください。

❶ パーツを作る

①テグス100cmに図のようにFP・A、丸大を通し、パーツを編んでいく。
★＝テグス中心スタート位置

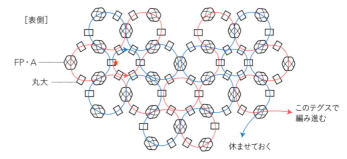

②テグスで外周のビーズを拾い、ビーズを追加してテグスを引き締めていく。最後は、テグスを固結びする。

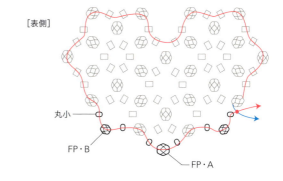

❷ 仕上げる

テグス50cmでゴム通しを編む。
① 裏側でビーズを拾いながら丸小を足して編む。

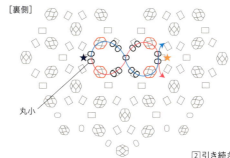

★＝テグス中心スタート位置

	FP		丸大	丸小
	A	B		
	⬢	⬢	□	○

※FPはファイアポリッシュの略

② 引き続き図のように丸小で編む。最後は、テグスを固結びし、始末する。

ここの交差編みをする前にゴムを挟む

NO. 15

チェコパールのヘアピン ≫ P.17

完成サイズ：モチーフ部分直径約2.3cm

材料

- チェコパール（ラウンド・4mm・つや消しシルキーホワイト）‥19個
- チェコビーズ（ラウンド・3mm・ホワイトオパール）‥‥‥‥20個
- スワロフスキー・クリスタル（SC）（#1088・8mm・ホワイトオパール）‥‥‥‥1個
- デリカビーズ‥‥‥‥‥‥40個
- 丸小ビーズ（シルバー）‥‥‥60個
- 丸皿ヘアピン金具（10×60mm・ゴールド）★‥‥‥‥‥1個
- ビーズステッチ専用糸（#40・ホワイト）★‥‥‥60cm、100cm
- ビーズ針‥‥‥‥‥‥‥1本

❶ パーツを作る

①針に糸60cmを通し、図のようにデリカビーズ40個、丸小ビーズ20個を編んでいく。（針の図は省略）

★＝糸スタート位置

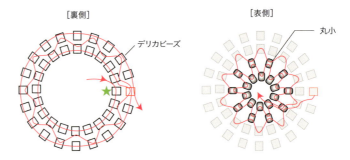

②SCを中に入れて位置を整えてから糸を引き締める。糸は、戻りながら途中で玉留めする。
ビーズを3個程通して、少し引いてから糸を切る。編みはじめの糸も同様に始末する。

※デリカビーズは省略

③表になる丸小ビーズに、糸100cmを図のように通しながらパールを編み付けていく。糸の始末は、②と同じ。

★＝糸スタート位置

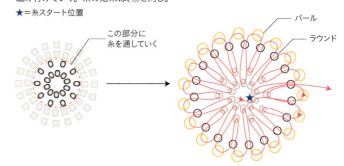

❷ 仕上げる

パーツを接着剤で丸皿ヘアピン金具に取り付ける。

パール	ラウンド	SC	デリカビーズ	丸小
○	○	◎	□	・

※SCはスワロフスキー・クリスタルの略

材料提供：貴和製作所（★マークの付いた材料のみ）
材料に関するお問い合わせ先はP.96をご確認ください。

NO. 16 チェコツインビーズのヘアピン »» P.17

完成サイズ：モチーフ部分直径約1.5cm

材 料

- チェコシードビーズ（ツイン・2.5×5mm・シェル）★ ･･････35個
- 丸小ビーズ（バニラ）･･････14個
- 丸皿ヘアピン金具（10×60mm・ゴールド）★ ･･････1個
- ビーズステッチ専用糸（#40・グレー）★ ･･････60cm
- ビーズ針･･････1本

❶ パーツを作る

①針に糸60cmを通し、ツイン、丸小を編んでいく。（針の図は省略）

1 ツイン5個と丸小5個を通す。

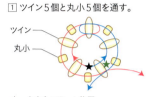

ツイン
丸小

★=糸中心スタート位置

2 ツインを10個通す。

★=糸スタート位置
（1の続きの糸）

3 ツインを10個通す。

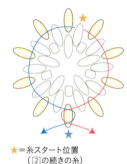

★=糸スタート位置
（2の続きの糸）

4 ツインを10個通す。

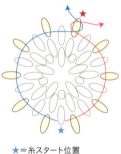

★=糸スタート位置
（3の続きの糸）

❷ 仕上げる

①ツインの間に丸小を通しながら、丸皿ヘアピン金具をパーツの中にセットする。最後は、糸を固結びする。
②結び目に接着剤を付け、乾いたら糸をカットする。

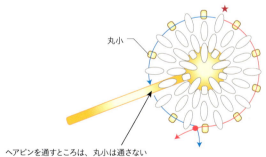

丸小

ヘアピンを通すところは、丸小は通さない

ヘアピンの間に糸を通す

ツイン	丸小

材料提供：貴和製作所（★マークの付いた材料のみ）
材料に関するお問い合わせ先はP.96をご確認ください。

NO. 17 チェコラウンドビーズのホワイトバレッタ ≫≫ P.18

完成サイズ：全長約10cm

材料

チェコビーズ
A（ラウンド・6mm・チョークホワイト）・・・・28個
B（ラウンド・3mm・チョークホワイト）・・・・36個

チェコシードビーズ（ツイン・2.5×5mm・チョークホワイト）★ ・・・・80個

チェコファイアポリッシュ (FP)
（6mm・クリスタルAB）・・・・9個

TOHO丸小ビーズ（クリアグレー）★ ・・・・92個

シャワーバレッタ金具（80mm・ゴールド）★ ・・・・1個

テグス（2号・クリア）★ ・・・・150cm

❶ パーツを作る

①テグス150cmに図のようにラウンドA、丸小を通し、パターンAを9回繰り返し編む。
★＝テグス中心スタート位置

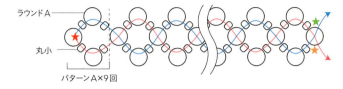

②図のように外周のラウンドAと丸小をすくいながら、ツインの下部の穴にテグスを通していく。

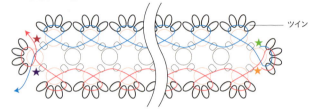

③図のように②のツインの上部の穴にテグスを通しながら、丸小を60個通していく。

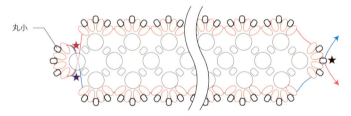

④③の編み終わり側の丸小と①のラウンドA1個をすくってから「FP、丸小、ラウンドBを編む→①のラウンドAをすくう」を繰り返し、最後まで編む。最後は③の丸小にテグスを通す。テグスを固結びし、始末する。

★＝テグス中心スタート位置（③の続きのテグス）

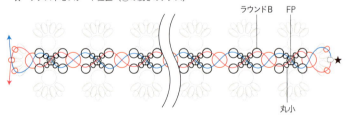

❷ 仕上げる

パーツを接着剤でシャワーバレッタ金具に取り付ける。

※FPはファイアポリッシュの略

材料提供：貴和製作所（★マークの付いた材料のみ）
材料に関するお問い合わせ先はP.96 をご確認ください。

NO. 18 チェコツインビーズの ブルーバレッタ　≫ P.19

完成サイズ：全長約 8 cm

材料

チェコシードビーズ（ツイン・2.5×5mm・パステルブルー）★ ･･････ 100個
TOHO 丸大ビーズ
　A（中染ブルー）･･････ 44個
　B（中染シルバー）･････ 18個
爪付きアクリルパーツ（ダイヤモンドカット・6mm・ホワイトオパール）･････ 10個
シャワーバレッタ金具（80mm・ゴールド）★ ･･････ 1個
テグス（2号・クリア）★ ･････ 150cm

❶ パーツを作る

①テグス150cmに図のように丸大A24個と爪付きアクリルパーツを10個通し、パーツを編んでいく。

★＝テグス中心スタート位置

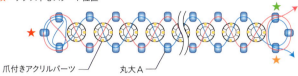

爪付きアクリルパーツ　　丸大A

②図のようにツインの下部の穴にテグスを通して、ツインを40個、丸大Aを20個通していく。

★★＝テグススタート位置（①の続きのテグス）

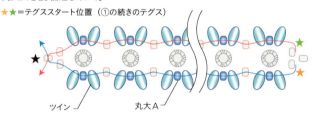

ツイン　　丸大A

③図のように②のツインの上部の穴にテグスを通して、ツインを40個通していく。

★＝テグススタート位置（②の続きのテグス）

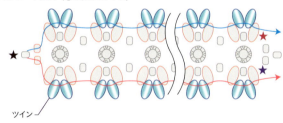

ツイン

④図のように③で追加したツインをすくいながら、ツインを20個と丸大Bを18個通していく。最後はテグスを固結びし、始末する。

★★＝テグススタート位置（③の続きのテグス）

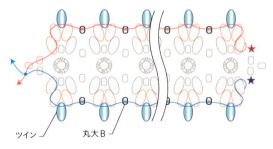

ツイン　　丸大B

❷ 仕上げる

パーツを接着剤でシャワーバレッタ金具に取り付ける。

ツイン　　丸大 A B　　爪付きアクリルパーツ

材料提供：貴和製作所（★マークの付いた材料のみ）
材料に関するお問い合わせ先はP.96 をご確認ください。

NO. 19

チェコシズクビーズのモチーフセットアップネックレス ≫≫ P.20

完成サイズ：首回り約45cm

材料

チェコビーズ
- A（シズクよこ穴・7×5mm・ローズ）★ ……21個
- B（シズクよこ穴・4×6mm・コロラドトパーズラスター） ……14個
- A（ボタンカット・4×7mm・シャンパンラスター）★ ……21個
- B（ボタンカット・5mm・ローズ） ……14個
- A（ラウンド・3mm・オパールピンク） ……21個
- B（ラウンド・3mm・シャンパンラスター★） ……14個
- C（ラウンド・5mm・ローズ） ……6個

チェコファイアポリッシュ（FP）
- A（3mm・チョークホワイトモンタナラスター）★ ……9個
- B（5mm・オリーブラスター）★ ……4個

チェコパール
- A（ラウンド・8mm・つや消しシルキーホワイト） ……6個
- B（ラウンド・6mm・Lt.クリーム）★ ……6個

丸小ビーズ
- A（パールホワイト） ……35個
- B（ピンク） ……35個
- C（オペークモス） ……36個
- D（メタリックシルバー） ……24個
- E（マーメイドブルーアラバスター） ……16個

丸カン洋白（0.5×3.5mm・ゴールド）★ ……2個
引き輪（6mm・ゴールド）★ ……1個
アジャスター No.1（ゴールド）★ ……1個
アーティスティックワイヤー（#28・ノンターニッシュブラス）★ ……15cm×4本、5cm×12本、7cm×2本
テグス（2号・クリア） ……100cm×5本
ビーズ針 ……1本

材料提供：貴和製作所（★マークの付いた材料のみ）
材料に関するお問い合わせ先はP.96をご確認ください。

❶ 花パーツを作る

①テグス100cmに図のようにビーズを通し、花パーツAを3個作る。

①1周目は、丸小A、ラウンドA、ボタンカットAを編む。一度テグスを固結びする。　②2周目は、シズクAを編む。　③3周目で丸小Bを通して中央にFP・Aを通す。固結びし、結び目に接着剤を付け、余分なテグスをカットする。

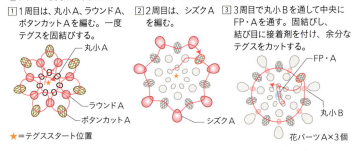

★=テグススタート位置

②テグス100cmにビーズを通し、花パーツAと同じ要領で花パーツBを2個作る。

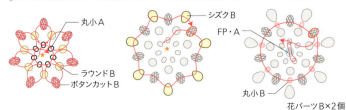

❷ 仕上げる

①ワイヤー15cmに図のようにビーズを通してパーツAを4個作る。　②ワイヤー7cmでパーツBを2個、ワイヤー各5cmでパーツC・Dを各6個作り、図のようにそれぞれのパーツをめがね留めでつなげていく。

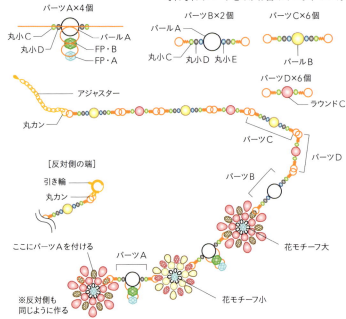

※FPはファイアポリッシュの略

NO. 20 チェコシズクビーズのモチーフセットアップブレスレット ≫ P.20

完成サイズ：手首回り約18cm

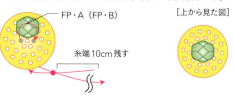

材料

チェコビーズ
- A（シズクよこ穴・7×5mm・ローズ）★‥‥‥‥‥12個
- B（シズクよこ穴・7×5mm・オリーブラスター）★‥‥‥4個
- C（シズク・4×6mm・コロラドトパーズラスター）‥‥‥12個
- D（シズクよこ穴・4×6mm・ロザリン）‥‥‥‥‥‥‥4個

チェコファイアポリッシュ（FP）
- A（6mm・チョークホワイトオリーブラスター）★‥‥3個
- B（6mm・チョークホワイト）★‥‥‥‥‥‥‥‥‥‥1個

チェコパール
- A（ラウンド・8mm・つや消しシルキーホワイト）‥‥‥3個
- B（ラウンド・6mm・Lt.クリーム）★‥‥‥‥‥‥2個

丸小ビーズ
- A（パールブルー）‥‥‥32個
- B（パールホワイト）‥‥‥24個
- C（メタリックシルバー）‥‥‥6個
- D（オペークモス）‥‥‥‥4個
- E（ペールイエロー）‥‥‥8個

丸カン洋白（0.5×3.5mm・ゴールド）★‥‥‥‥2個
9ピン（0.5×30mm・ゴールド）★‥‥‥‥‥‥3本
引き輪（6mm・ゴールド）★‥‥1個
アジャスターNo.1（ゴールド）★‥‥‥‥‥‥‥‥‥1個
シャワーペンダント金具（2カン付き・12mm・ゴールド）★‥‥4個
チェーン（235SB・約1.5mm幅・ゴールド）★‥‥‥‥‥1cm
アーティスティックワイヤー（#28・ノンターニッシュプラス）★‥‥‥‥‥‥‥‥5cm×2本
テグス（2号・クリア）★‥‥‥‥‥‥‥‥60cm×4本
ビーズ針‥‥‥‥‥‥‥‥1本

材料提供：貴和製作所（★マークの付いた材料のみ）
材料に関するお問い合わせ先はP.96をご確認ください。

❶ パーツを作る

①テグス60cmにFP・Aを通し、FP・Aが中心に来るようにペンダント金具のシャワー台の内側の2穴にテグスを通す。裏で一度固結びする。

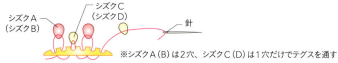

②外側の1穴からテグスを出し、針にテグスを通し、図のようにシズク2種を交互に編む。

※シズクA（B）は2穴、シズクC（D）は1穴だけでテグスを通す

③1周したら、シズクA（B）とシズクC（D）の間に丸小Aを通しながら1周させる。

④1周したらシズクA（B）を通した穴からテグスを表に出し、図のようにちょうどシズクC（D）の前に2個くるように丸小B（E）を2個ずつ通していく。

⑤すべてを通し終えたらテグスを固結びし、始末する。シャワーペンダント金具に取り付け、パーツAを3個作る。

⑥同じようにして①〜④の（ ）内のビーズに変えて、パーツBを作る。指定のないビーズは、そのまま同じビーズを使う。

［でき上がり図］
 パーツA×3個
 パーツB×1個

❷ 仕上げる

①9ピン、パールA、丸小Cでつなぎのパーツcを3個作る。

②パーツA・BをパーツCでつなぎ、両端は図のように丸小DとパールBとワイヤーでめがね留めをする。最後は、図のように留め具を取り付ける。

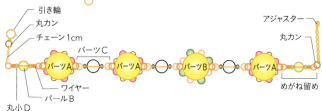

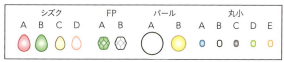

※FPはファイアポリッシュの略

NO. 21 チェコピップビーズのモチーフセットアップイヤリング ≫≫ P.20

完成サイズ：モチーフ部分直径約2.8cm

材料

- チェコビーズ（ピップ・5×7mm・クリームパール）★ ……… 14個
- チェコファイアポリッシュ（FP）（4mm・ローズAR）★ ……… 14個
- チェコガラスパール（ラウンド・8mm・つや消しシルキーホワイト） ……… 2個
- 丸小ビーズ
  A（オペークモス） ……… 40個
  B（パールホワイト） ……… 28個
- シャワーイヤリング金具蝶バネ（16mm・ゴールド）★ ……… 1組
- テグス（2号・クリア）★ ……… 100cm×2本
- ビーズ針 ……… 1本

①テグス100cmにパールを通し、パールが中心にくるようにイヤリング金具のシャワー台の内側の2穴にテグスを通す。裏で一度固結びする。

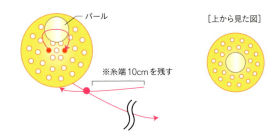

②2周目の1穴からテグスを出して針を通し、図のようにバックステッチで丸小Aを編む。

③1周したら3周目の1穴からテグスを出し、図のようにバックステッチでピップとFPを通していく。

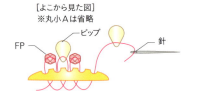

④1周したら③の同じ穴の内側に丸小Bを留めていく。すべて通し終えたらテグスを結んで始末し、蝶バネタイプのシャワーイヤリング金具に取り付ける。同じものをもう1つ作る。

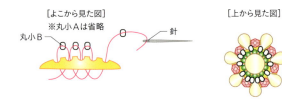

材料提供：貴和製作所（★マークの付いた材料のみ）
確認に関するお問い合わせ先はP.96をご確認ください。

CHAPTER **4** How to make

Chapter2 の チェコビーズ小物の 作り方

最後に、Chapter2 で紹介した小物の作り方を
紹介します。刺しゅうの基本や
ビーズの応用の編み方などを覚えてから、
世界にたった1つのチェコビーズの小物作りに
挑戦してみましょう。

小物作りと刺しゅうに必要な道具

小物を作ったり刺しゅうをする時に必要な道具です。
自分なりに使いやすい道具を用意してもOK。

やっとこ
丸カンやCカンを開く時の平やっとこや9ピンを曲げる時の丸やっとこがある。

ニッパー
9ピンやTピンなどのピン類やワイヤーを切る時に使う。

ハサミ
テグスや糸、布を切る時に使用する。

ビーズ針
ビーズの穴に通るように、針穴が空いている部分が通常の縫い針よりも細くなっている。

刺しゅう針
糸を通しやすいように針穴が大きめになっている。

接着剤
手芸・クラフト用接着剤。接着する素材に合わせたものを用意すると便利。

定規
布の中心にビジューを縫い付けたい時など、布に十字の印を付けるために使用する。

細めのペン
布などに目印を付ける時に使う。太いものよりも、細めのペンが適している。

くるみボタン用打ち具
くるみボタンの金具と布を透明なパーツにセットし、青いパーツで押し込んで使う。

\ あると便利 /

刺しゅう枠
布地をピンと張って固定することで、きれいに刺しゅうを施すことができる。

CHAPTER 4
How to make

小物作りと刺しゅうに必要な材料

アクセサリー作りに必要な材料と共通しているものも多くあります。
手芸店で入手できるものがほとんどです。

1. 糸・テグス類

ビーズステッチ専用糸
糸割れがしにくく、ビーズが通りやすいよう滑らかな質感。

レース糸
レース編み用の綿の糸。太さのバリエーションがあり、カラーバリエーションも豊富。

テグス
ビーズなどを通す時に使うナイロン製のひも。号数が大きくなるほど太くなる。

アーティスティックワイヤー
柔らかく、曲げたり切ったりしやすいワイヤー。号数が大きくなるほど細くなる。

2. 布　類

布
くるみボタンを作る時に金具にかぶせて使う。

牛革
作ったパーツの裏側をカバーする時などに使う。

フェルト
ビーズ刺しゅうをした布などの下に入れて厚みを出す。

ベルベットリボン
ストレッチ性のあるリボン。表がベルベット製で艶やかな光沢がある。

3. 小物用パーツ

コンパクトミラー
表面にデコレーションができるようになっている鏡。

ビーズウォッチ
両端にビーズで作ったベルトをつなげることで腕時計として使う。

マグネット
ビーズで作ったモチーフの裏に接着して使う。

くるみボタンセット
表面が滑らかな上ボタンとゴムなどを通す部分がある下ボタンがセットになっている。

4. 金具類

シャワーシューズ クリップ金具
シャワー部分にビーズなどを留め付け、パンプスなどに裏のクリップで固定して使う。

キーホルダー 回転カン
カン部分にビーズで作ったチャームなどをつなげて使う。

根付ひも
ビーズで作ったチャームなどをつなげて帯飾りや携帯ストラップとして使う。

キーホルダー チェーン
ボールチェーンにコネクタが付いているので手軽につなげられる。

イヤホンジャックキャップ
スマートフォンのイヤホンのさし込み口のカバーとして使う。

マンテルダブルリング
アクセサリーの留め具。リング（左）にバー（右）をさし込んで使う。

スカーフ留め金具
本書で使用したのは貼り付けタイプ。刺しゅうしたパーツを貼り付けて使用。

透かしパーツ
パーツをつなげるためのつなぎとして使う。繊細なデザインはチャームとしても使える。

ペンダント金具
シャワー部分の両端のカンにチェーンなどをつなげることができる。

花座
ビーズにかぶせ、アクセントとして使う。ビーズに合わせたサイズを選ぶ。

デザイン丸カン
丸カンにツイストのデザイン加工が施されたもの。開閉はP.42参照。

アルミチェーン
アルミ製のチェーン。軽いのでボリュームのある作品でも重くなりにくい。

チェーン
小判タイプやキヘイタイプなど、チェーンにもさまざまなデザインがある。写真は小判タイプ。

CHAPTER 4
How to make

5. チェコビーズ

チェコ ラウンドビーズ

定番のチェコビーズの1つで丸い形をしている。

チェコ シズクビーズ

水滴のような形で、滑らかなフォルムが特徴のチェコビーズ。

チェコ ファイアポリッシュ

カットの角に丸みがある。定番のチェコビーズの1つ。

チェコ ダガービーズ

ダガーが「短剣」を意味するように、短剣のように鋭い形をしている。

チェコパール

チェコビーズにパール加工を施したもの。滑らかな輝きが特徴。

チェコ シズクパール

チェコパールの変形タイプ。水滴のような形をしている。

チェコ シズクカットビーズ

チェコシズクビーズの表面にカット加工を施したもの。

チェコ ピップビーズ

プレス加工され、平らな水滴のような形をしたチェコビーズ。

チェコシード ツイン

オーバル形のチェコビーズに穴が2つ空いたもの。

チェコ ボタンカットビーズ

チェコラウンドビーズを少しつぶしたような形にカット加工されたもの。

チェコ スクエアビーズ

タイルのように四角く平らなチェコビーズ。通し穴が2つある。

チェコ ツイストビーズ

ひねったような形に加工されたチェコビーズ。

6. その他のビーズ

爪付き アクリルパーツ

台座付きのビジューパーツ。台座には穴が空いているので、テグスが通せる。

丸小ビーズ

外径が2〜2.2mmと小さなビーズ。繊細なデザインを表現できる。

ガラスビーズ

通常のパールビーズよりも艶感を少し抑えたビーズ。

マシンカット

プレシオサ社製のガラスビーズ。カットの鋭さが美しい。

小物作りの基本テクニック

糸の縫いはじめの処理からビーズの縫い付け方まで、
本書に掲載されている小物を作る時に必要な基本的なテクニックです。

■ 縫いはじめの玉留めの仕方

1 指に糸を巻き付ける
糸端10cm程のところでひとさし指に糸を1～2回巻き付ける。

2 ねじり合わせる
巻き付けた糸を親指で挟み、ねじるようにしてひとさし指から外す。

3 引き締めて玉を作る
糸の両端を引っ張り、ひねった部分で玉を作る。

針のさし方
布に対して直角に針をさす
ビーズやパーツを布に縫い付ける時、針は布に対して直角になるようにさす。

■ 縫い終わりの玉留めの仕方

1 針に糸を巻き付ける
糸端ではないほうの糸を、針に3回巻き付ける。

2 針を引き抜く
巻き付けた糸を押さえながら、針を引き抜く。

3 糸を引き抜く
針を引き抜いた後、続く糸もそのまま引き抜いて玉を作る。

頑丈にする方法

結び目に接着剤を
玉留めや片結び、固結びが簡単に外れないように結び目に接着剤を1滴付ける。

■ 片結び

1 輪を作り、糸端を通す
糸で輪を作り、糸端を輪の中に通す。糸が交差した部分を布のきわで押さえる。

2 糸を引き抜く
糸を指で押さえたまま、糸端を引き抜いて片結びを作り、補強のためもう一度片結びする。

■ 固結び

1 糸の両端で輪を作る
糸の両端を交差させて輪を作る。

2 引き締める
糸の両端を引いて固結びを1回作り、補強のためにもう1回固結びする。

CHAPTER 4
How to make

🔺 基本のビーズの縫い付け方 —バックステッチ—

1個目を縫い付ける

玉留めをして布の裏から針を出してビーズを通し、ビーズのきわに針をさす。

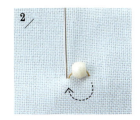

針を戻す

1で針を表に出した位置にもう一度針を出す。

ビーズに針を通す

1個目のビーズにもう一度針を通し、きわに針をさす。

2個目のビーズを縫う

針に2個目のビーズを通す。

針をさす

2個目のビーズのきわに針をさし、裏に出す。

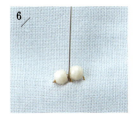

針を戻す

2個目のビーズのきわから針を出す。

繰り返す

4〜6を繰り返しながら、1個ずつビーズを縫い付けていく。

玉留めして完成

必要な数のビーズを縫い付けたら、布の裏で玉留めして、完成。

🔺 ビーズの縫い付け方応用編 —変わりバックステッチ—

最初のビーズを通す

玉留めをして布の裏から針を出してビーズを通し、1個目のビーズのきわに針をさす。

新たなビーズを通す

1個分先の位置に針を出し、新たなビーズ2個を通す。

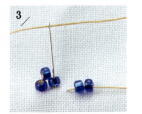

針を通し戻す

1で通したビーズの3個目に針を通し戻し、布の裏に出す。

ビーズを引き締める

糸を引き、ビーズを引き締めるとビーズが立ち上がる。

繰り返す

2〜4を繰り返しながら、ビーズを縫い付けていく。

最初の1粒に通し戻す

必要な数のビーズを縫い付けて1周したら、最初のビーズの1個目に針を通し戻す。

新たなビーズを通す

新たなビーズを1個通し、1個手前のビーズに針を通し戻す。

玉留めして完成

布の裏で玉留めして、完成。

ペヨーテステッチ

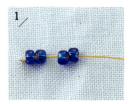
1段目を編む
針を裏から表に出しビーズ2個を通す。きわに針を刺して通し戻したら新たに2個通す。

1個目に戻って縫う
1個目のきわに針を戻し4個分針を通し戻す。新たに2個通し、4個分通し戻す。

繰り返す
4個分通し戻して新たに2個通す、を繰り返していく。

2段目を編む
1周編んだら1個目を拾い2段目のビーズ1個を通し、1段目3個目のビーズを拾う。

交互に通す
1段目のビーズを1個飛ばしで拾いながら、2段目のビーズを通していく。

3段目を編む
2段目最後まで編んだら、2段目の最初のビーズを拾い、4〜5の要領で3段目を編む。

針を通し戻す
3段目の最後まで編んだら、2段目の最初のビーズを拾う。

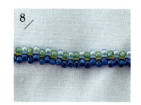
完成
布の裏で玉留めして完成。

ブリックステッチ(たて穴)

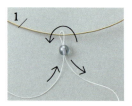
ワイヤーに糸をかける
糸をビーズに通してワイヤーに裏から表へ掛け、もう一度ビーズに糸を通し戻す。

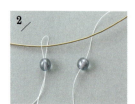
新たなビーズを通す
新たなビーズに糸を通して、ワイヤーに裏から表へ掛ける。

繰り返す
1〜2を繰り返して必要な数のビーズを留め付けたら、糸端を固結びする。

完成
余分な糸端を切ったら完成。糸の動きが見えるのが特徴。

ブリックステッチ(よこ穴)

糸をワイヤーにかける
糸をワイヤーに裏から表へ掛ける。

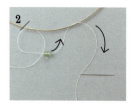
ビーズを通す
ビーズに糸を通して、もう一度ワイヤーに裏から表へ掛ける。

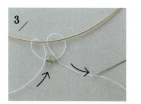
繰り返す
常に前の糸の後ろを通るように糸を通しながら、繰り返してビーズを留め付ける。

完成
ビーズをすべて留め付けたら糸端を固結びして余分を切る。糸の動きが隠れるのが特徴。

ビジューパーツの固定の仕方

1 印を付ける

ビーズを縫い付ける中心の位置の目安として、布に印を付ける。

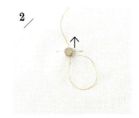

2 反対の穴のきわに出す

玉留めして針をビジューの穴に通す。

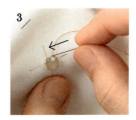

3 針を裏に出す

針を通した穴のすぐきわに針をさし、布の裏に出して固定する。

4 手前の穴のきわに出す

手前に向かって左斜めに縫い付け、ビジューの左下の穴から針を出す。

5 反対側の穴に通す

針をビジューの反対側の穴に通す。

6 針を裏に出す

針を通した穴のすぐきわに針をさし、布の裏に出す。

7 玉留めして完成

布の裏で玉留めして完成。

制作中に糸が切れてしまった時は?

固結びでつなげる

途中で糸が切れてしまった場合は古い糸と新しい糸を固結びでつなげる。

チェーンへの縫い付け方

1 すき間を接着剤で埋める

糸が抜けてしまわないようにチェーンのすき間を接着剤で埋めておく。

2 ビーズを通す

チェーンの端にテグスを結び付け、チェーンの穴を通し、ビーズを通して穴に戻す。

3 新たなビーズを通す

チェーンの後ろを通し、新たなビーズを通してチェーンの穴に戻す。

4 繰り返す

3を繰り返して、なみ縫いの要領でチェーンにビーズを縫い付けていく。

5 端で折り返す

チェーンの端でテグスを折り返し、ビーズに通し戻す。

6 すべてに通し戻す

ビーズだけにテグスを通し戻していく。

7 玉留めして完成

はじめの糸端と固結びして接着剤を結び目に付けたら完成。

どんな小物を2重糸にするの?

持ち運ぶものは2重糸で

持ち運びするものや身に着けたいものは強度をアップするために2重糸にして。

NO. 22 チェコシズクパールのマグネット ≫ P.22,23

完成サイズ：直径約3.8cm

材料

チェコパール
- A（シズクよこ穴・6×9mm・ホワイト）★ ……… 3個
- B（ラウンド・4mm・マットグリーン）……… 1個

チェコビーズ
- A（ラウンド・3mm・チョークホワイト）★ ……… 20個
- B（ラウンド・3mm・チョークホワイトシャンパンラスター）★ ……… 24個
- A（スクエア2穴・6mm・スノーホワイト）★ ……… 5個
- B（スクエア2穴・6mm・オペークモス）……… 5個
- C（スクエア2穴・6mm・チョークホワイトシャンパンラスター）……… 5個

丸小ビーズ
- A（グリーン）……… 12個
- B（メタリックシルバー）……… 15個

くるみボタンセット（38mm）……… 1組
マグネット（30mm）……… 1個
布（イエロー・10×10cm）……… 1枚
ビーズステッチ専用糸
（#40・アイボリー）★ … 200cm
ビーズ針 ……… 1本

❶ パーツを作る

①針に糸200cmを通し、10×10cmの布の中心にパールAを縫い付ける。

②下図のように布にパールB、ラウンドAを1個ずつ縫い付け、丸小Aからはバックステッチ（P.75参照）で縫い付けていく。（針の図は省略）

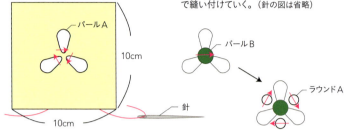

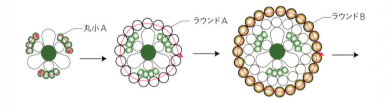

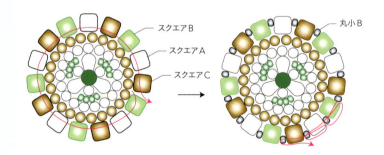

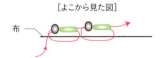

[よこから見た図]

❷ 仕上げる

①くるみボタンの裏の金具を外す。
②パーツを中心にして布を直径6.5cmの円に切る。
③くるみボタンに接着剤を付けて②の布で包む。
④裏に30mmのマグネットを両面テープで付ける。

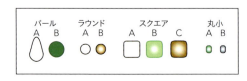

材料提供：貴和製作所（★マークの付いた材料のみ）
材料に関するお問い合わせ先はP.96をご確認ください。

NO. 23 チェコパールの フリンジマグネット ≫ P.22,23

完成サイズ：直径約3.8cm

材料

チェコパール
- A（ラウンド・4mm・Lt.クリーム）★ ……… 23個
- B（シズクよこ穴・7×5mm・ホワイト）★ ……… 1個

チェコビーズ
- A（ラウンド・3mm・ホワイトオパール）★ ……… 10個
- B（ラウンド・4mm・チョークホワイトシャンパンラスター）★ ……… 20個

チェコファイアポリッシュ（FP）
- （4mm・Lt.スモークトパーズホワイトラスター）★ ……… 11個

特小ビーズ（中染シルバークリア）……… 60個

爪付きアクリルパーツ（ラウンド・6mm・グレー /G）★ ……… 1個

くるみボタンセット（38mm）……… 1組
マグネット（30mm）……… 1個
布（グレー・10×10cm）……… 1枚
ビーズステッチ専用糸（#40・アイボリー）★ ……… 140cm
ビーズ針 ……… 1本

❶ パーツを作る

①針に糸140cmを通し、10×10cmの布の中心に爪付きアクリルパーツを縫い付ける。
※糸は1本取り。丈夫にしたい場合は2本取りにする

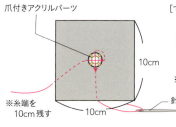

②爪付きアクリルパーツに沿ってバックステッチでラウンドAを縫い付けていく。（針の図は省略）
※1周目は、円が小さいので2個付けて1個戻る
※最後は、1個目のラウンドにもう一度糸を通す

③2〜4周目は、ビーズをバックステッチで3個付けて2個戻りながら縫い付けていく。

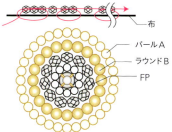

④1番のパールの下の布の中心から針を出し、特小10個を通し、3番のパールの下の布の中心に針をさす。これを7番までさらに2回進める。

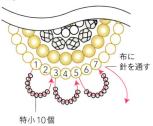

⑤再度7番の先程入った布の穴より少しずらしたところから針を出し、図のように縫う。

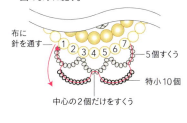

⑥図のように縫い、5番の下の布から出た糸を、残しておいた糸と結ぶ。

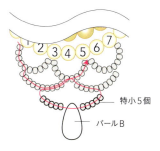

❷ 仕上げる

①くるみボタンの裏の金具を外す。

②パーツを中心にして布を直径6.5cmの円に切る。
③くるみボタンに接着剤を付けて②の布で包む。
④裏に30mmのマグネットを両面テープで付ける。

※FPはファイアポリッシュの略

材料提供：貴和製作所（★マークの付いた材料のみ）
材料に関するお問い合わせ先はP.96をご確認ください。

NO. 24 チェコパールとビジューのスカーフ留め ≫ P.24

完成サイズ：全長約2.8cm

材料

爪付きビジュー（6mm・クリスタル/G）・・・・・・・・1個
チェコパール
　A（ラウンド・3mm・ホワイト）★ ・・・・・・・・4個
　B（ラウンド・6mm・Lt.クリーム）★ ・・・・・・8個
チェコビーズ
　（ピップ・5×7mm・スノーホワイト）★ ・・・・・8個
　（ラウンド・3mm・チョークホワイトシャンパンラスター）★ ・・・・・・・・・・12個
丸小ビーズ
　A（バニラ）・・・・・・・27個
　B（メタリックシルバー）・・・・・・・16個
　C（オペークラスタースモーキーベージュ）・・・・・・・・8個
スカーフ留め金具（楕円・22×28mm・ゴールド）★ ・・・1個
布（ホワイト・10×10cm）・・・・1枚
フェルト（グレー・5×5cm）・・・・・・・・・・・・・・・・1枚
ビーズステッチ専用糸（#40・アイボリー）★ ・・・・・145cm
ビーズ針 ・・・・・・・・・1本

❶ パーツを作る

①針に糸145cmを通し、10×10cmの布の中心に爪付きビジューを十字に縫い付ける。
※糸は1本取り。丈夫にしたい場合は2本取りにする

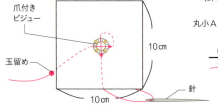

②爪付きビジューの爪の位置に丸小Aを図のように縫い付け、丸小A18個で1周させる。
（針の図は省略）

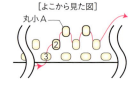

③1周したら、上段のすき間に丸小Aを1個ずつ通す。

④爪付きビジューの爪の位置に合わせて四隅にパールAを縫い付ける。

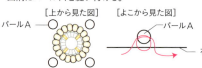

⑤パールのすき間に丸小Bを4個ずつ縫い付ける。

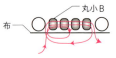

⑥パールAの外側にラウンドを3個ずつ（計12個）縫い付ける。

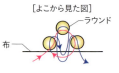

⑦図のようにピップと丸小Cをすべて縫い付けたら、ピップに接着剤を付け、布に貼り付けて乾かす。

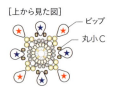

⑧ピップの間にパールBを縫い付ける。縫い終わったら、裏面の中程へ持っていきしっかり結んで留める。

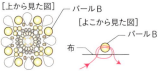

❷ 仕上げる

①裏面の一番外側のステッチとその外側約5mmに接着剤を付け、乾かす。乾いたらステッチを切らないように布を切り取る。

②フェルトをパーツと同じ大きさに切って接着剤で裏面に貼り付け、さらにフェルトに接着剤でスカーフ留め金具を付ける。

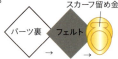
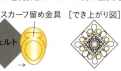
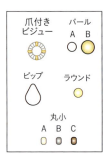

材料提供：貴和製作所（★マークの付いた材料のみ）
材料に関するお問い合わせ先はP.96をご確認ください。

NO. 25 チェコダガーとチェコピップのシューズクリップ ≫≫ P.25

完成サイズ：直径約3.5cm

材料

チェコビーズ
（ダガー・11×3mm・モンタナアラバスター）★ ······ 12個
（ピップ・5×7mm・スノーホワイト）★ ··········· 12個

チェコファイアポリッシュ (FP)
（3mm・チョークホワイトモンタナラスター）★ ······ 12個

爪付きアクリルパーツ（ラウンド・6mm・ホワイトオパール）★ ···· 2個

丸小ビーズ
A（メタリックシルバー）···· 12個
B（ピンク）·············· 24個

シャワーシューズクリップ金具
（15mm・ロジウムカラー）★ ················· 1組

ビーズステッチ専用糸（#40・グレー）★ ······· 120cm×2本

ビーズ針 ·············· 1本

❶ パーツを作る

① 針に糸120cmを通し、シャワー台の中心から2周目の穴に爪付きアクリルパーツを縫い付ける。針は3周目の穴から表に出す。

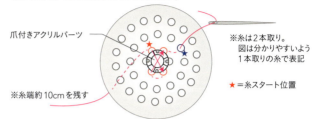

※糸は2本取り。図は分かりやすいよう1本取りの糸で表記
★＝糸スタート位置
※糸端約10cm を残す

② バックステッチで丸小A、FPを編み付けていく。針は、4周目の穴から表に出す。
（針の図は省略）

［よこから見た図］

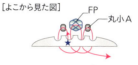

FP
丸小A

［上から見た図］

★＝糸スタート位置（①の続きの糸）

③ バックステッチでピップ、ダガーを編み付けていく。ピップとダガーによりまたぐ穴数が違うので注意する。
（18穴のうち12穴を使うことになる）

［よこから見た図］

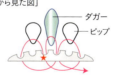

ダガー
ピップ

［上から見た図］

④ 外周を1周したら、ピップとダガーの間に丸小Bを通しながらもう1周する。

［よこから見た図］

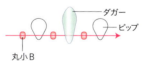

ダガー
ピップ
丸小B

［上から見た図］

❷ 仕上げる

① 最後に針を裏に出し、残しておいた糸端と固結びをして余分な糸をカットする。
② 結び目に接着剤を付け、乾いたらパーツをシャワーシューズクリップ金具に取り付ける。
③ 同じものをもう1つ作る。

※FPはファイアポリッシュの略

材料提供：貴和製作所（★マークの付いた材料のみ）
材料に関するお問い合わせ先はP.96をご確認ください。

NO. 26 チェコピップビーズの イエローボタン　≫≫ P.26

完成サイズ：直径約2.7cm

材料

チェコビーズ
　A（ピップ・5×7mm・オリーブ
　　アラバスター）★ ・・・・・・ 4個
　B（ピップ・5×7mm・オーツ
　　アラバスター）★ ・・・・・・ 4個
　A（ラウンド・3mm・チョーク
　　ホワイト）★ ・・・・・・・・ 8個
　B（ラウンド・4mm・アクアマリン）
　　 ・・・・・・・・・・・・・・ 8個

シルキーパール
　（ラウンド・7mm・ホワイト）★
　　 ・・・・・・・・・・・・・・ 1個

丸小ビーズ
　A（メタリックシルバー）・・・・ 20個
　B（バニラ）・・・・・・・・・・ 8個

くるみボタンセット（27mm）・・ 1組
布（イエロー・6×6cm）・・・・ 1枚
ビーズステッチ専用糸（#40・
　アイボリー）★ ・・・・・・・ 105cm
ビーズ針 ・・・・・・・・・・ 1本

❶ パーツを作る

①布の中心に1辺2cmの十字印を付ける。この線を中心にして刺しゅうをしていく。針に糸105cmを通し、シルキーパールを布の中心に2回縫い付ける。

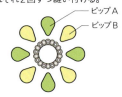

②図のようにシルキーパールに沿ってバックステッチで丸小Aを縫い付けていく。（針の図は省略）

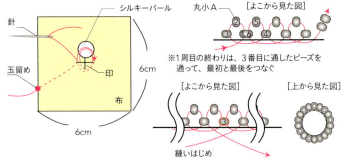

③十字印の線上にピップAを接着剤で貼り付けてから、その間に等間隔でピップBを同様に接着剤で接着する。乾いたらそれぞれ2回ずつ縫い付ける。

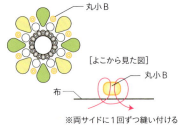

④ピップの間にラウンドAを2回ずつ縫い付ける。

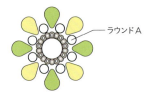

⑤丸小Bを図のように縫い付ける。

⑥さらに外側にラウンドBを2回ずつ縫い付け、裏で糸端を片結びし、始末する。結び目に接着剤を付け、乾いたら余分な糸をカットする。

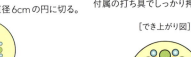

❷ 仕上げる

①くるみボタンの裏の金具を外す。
②パーツを中心にして直径6cmの円に切る。

③布裏の中心に接着剤を薄く付けて、ずれないように注意しながらくるみボタンを包む。
④接着剤が乾いたら、くるみボタンの表を下にして打ち台にセットする。
⑤くるみボタンのヘリの内側に接着剤を付けて布を丁寧に細かく折りながら内側にしまっていく。
⑥くるみボタンの裏側のパーツを付属の打ち具でしっかり押し込む。

[でき上がり図]

材料提供：貴和製作所（★マークの付いた材料のみ）
材料に関するお問い合わせ先はP.96をご確認ください。

NO. 27 チェコパールと丸小ビーズの水色ボタン ▸▸▸ P.26

完成サイズ：直径約2.7cm

材料

チェコパール
 A（ラウンド・3mm・ホワイト）★ ……… 7個
 B（ラウンド・4mm・ホワイト）★ ……… 6個
チェコビーズ（ラウンド・6mm・モンタナラスター）★ ……… 1個
チェコファイアポリッシュ（FP）
 A（3mm・チョークホワイトオリーブラスター）★ …… 4個
 B（3mm・チョークホワイトモンタナラスター）★ …… 4個
 C（3mm・ホワイトパール）★ ……… 4個
丸小ビーズ（マリーゴールドアラバスター）……… 36個
デザイン丸カン（ツイスト・6mm・ゴールド）★ ……… 6個
くるみボタンセット（27mm）……… 1組
布（水色・6×6cm）……… 1枚
ビーズステッチ専用糸（#40・アイボリー）★ ……… 200cm
ビーズ針 ……… 1本

❶ モチーフを作る

①針に糸200cmを通し、布の中心にラウンドを縫い付ける。

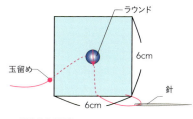

※糸は2本取り。図は分かりやすいよう1本取りで表記

②パールAの糸をきつめに引き締め、中心のラウンドを少し浮かせる。（針の図は省略）

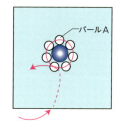

③FPを2個ずつバックステッチ（P.75参照）で縫い付ける。

④デザイン丸カンをパールBと一緒に縫い付ける。

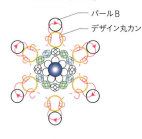

↓

[でき上がり図]

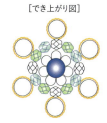

⑤パールBの間を丸小で埋めていく。

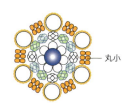

❷ 仕上げる

P.82のチェコピップビーズのイエローボタン❷「仕上げる」と同様にして完成させる。

[でき上がり図]

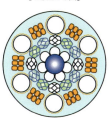

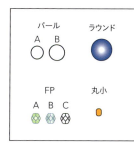

※FPはファイアポリッシュの略

材料提供：貴和製作所（★マークの付いた材料のみ）
材料に関するお問い合わせ先はP.96をご確認ください。

NO. 28 チェコパールとチェコシズクビーズの ペンチャーム ≫ P.27

完成サイズ：全長約3.5cm

材料

チェコパール
　A（ラウンド・3mm・ブルー）★
　　・・・・・・・・・・・・・・7個
　B（ラウンド・4mm・ホワイト）★
　　・・・・・・・・・・・・・・1個
チェコビーズ（シズクよこ穴・
　5×7mm・ローズ）★・・・・・・3個
チェコファイアポリッシュ (FP)
　（3mm・ローズ）★・・・・・・・5個
特小ビーズ（中染シルバークリア）
　・・・・・・・・・・・・・・10個
デザイン丸カン（ツイスト・6mm・
　ゴールド）★・・・・・・・・・・1個
アーティスティックワイヤー（#28・
　ノンターニッシュプラス）★・・10cm
ビーズステッチ専用糸（#40・
　グレー）★・・・・・・・・・・60cm
ビーズ針・・・・・・・・・・・1本

①ワイヤー10cmにパールAを通してねじる。

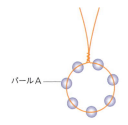

②図のようにワイヤーにパールB、特小、FPを通していく。

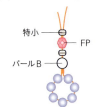

③上部に残ったワイヤーをめがね留めしてデザイン丸カンを付ける。

④針に糸60cmを通し、パールの輪に通して、2本取りにする。

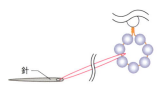

⑤図のようにFP、特小、シズクを通していき隣のパールの間に糸をくぐらせていく。
※糸は2本取り。
　図は分かりやすいよう1本取りの糸で表記

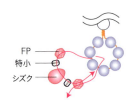

⑥⑤を2回繰り返す。

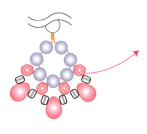

⑦図のように特小を通し、固結びをして糸を始末する。結び目に接着剤を付け、乾いたら余分な糸をカットする。

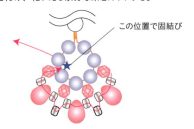

パール A　B	シズク	FP	特小

※FPはファイアポリッシュの略

材料提供：貴和製作所（★マークの付いた材料のみ）
材料に関するお問い合わせ先はP.96をご確認ください。

NO. 29 チェコファイアポリッシュのペンチャーム ≫≫ P.27

完成サイズ：全長約5.5cm

材料

チェコファイアポリッシュ (FP)
　A（3mm・スノーホワイト）★・・・・・・24個
　B（3mm・クリスタル
　　シルバーライン）★・・・・・1個
チェコパール（ラウンド・4mm・
　Lt.クリーム）★・・・・・・・・・・1個
チェコビーズ
　（ボタンカット・3×5mm・
　　クリスタル）★・・・・・・・・・1個
　（シズクよこ穴・5×7mm・
　　スノークリア）★・・・・・・・1個
　（ラウンド・8mm・オパック
　　ピンクWラスター）★・・・・1個
チェコシードビーズ（ツイン・
　2.5×5mm・Lt.グレー）★・・・8個
丸小ビーズ（パールホワイト）・・22個
特小ビーズ（中染シルバークリア）
　・・・・・・・・・・・・・・・・・・・・・・・・29個
キーホルダーチェーン（ボール
　チェーン片コネ付き・1.5mm・
　ゴールド）★・・・・・・・・・・・・・3cm
アーティスティックワイヤー（#28・
　ノンターニッシュブラス）★・・45cm
ビーズステッチ専用糸（#40・
　グレー）★・・・・・・・・・・・・・40cm
ビーズ針・・・・・・・・・・・・・・・・・・1本

材料提供：貴和製作所（★マークの付いた材料のみ）
材料に関するお問い合わせ先はP.96をご確認ください。

❶ パーツを作る

①ワイヤー45cmの中心に図のように特小、パールを通す。さらに、FP・A、丸小、ツインを通してパーツを作る。

②パーツをもう1つ作る。

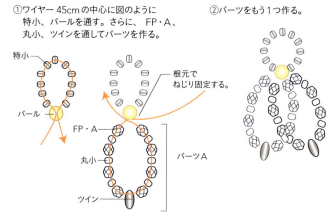

③ワイヤーの根元をねじり、図のようにFP・A、丸小、ツインを通していく。

④反対側も同じようにビーズを通す。ワイヤーの両端は休ませておく。

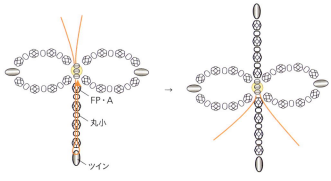

⑤針に糸40cmを通し、図のようにツインと特小を通していく。(針の図は省略)

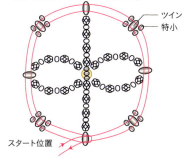

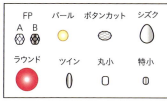

❷ 仕上げる

図のようにワイヤーにビーズを通し、めがね留めしてワイヤーを始末する。特小のリング部分にキーホルダーチェーンを通す。

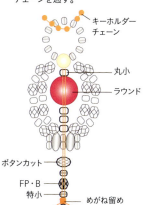

※FPはファイアポリッシュの略

NO. 30 ピンクチェコビーズの手帳用バンド ≫ P.28

完成サイズ：モチーフ部分直径約3cm

材料

チェコビーズ
　A（ラウンド・8mm・オパック
　　ピンクホワイトラスター）★
　　‥‥‥‥‥‥‥‥‥‥‥1個
　B（ラウンド・6mm・オパック
　　ピンクホワイトラスター）★
　　‥‥‥‥‥‥‥‥‥‥‥8個
チェコファイアポリッシュ（3mm・
　ホワイトオパール）★‥‥28個
丸小ビーズ
　A（バニラ）‥‥‥‥‥24個
　B（オペークモス）‥‥‥16個
　C（メタリックゴールド）‥‥56個
花座 no.5（花形・10mm・
　マットゴールド）★‥‥‥1個
カットクロス（アイボリー・
　10×10cm）‥‥‥‥‥1枚
牛革（ブラウン・5×5cm）‥‥1枚
ストレッチベルベットリボン No.4682
　（12mm幅・#22・ブラウン×
　ネイビー）★‥‥‥‥‥20cm
ビーズステッチ専用糸
　A（#40・ゴールド）★‥‥120cm
　B（#40・アイボリー）★‥‥80cm
ビーズ針‥‥‥‥‥‥‥1本

❶ パーツを作る

①針にAの糸120cmを通し、玉留めして図のようにラウンドAと花座を縫い付ける。
※花座の中心●印から糸を出して●印へ糸を通し、布の下に糸を出す。
これを5回繰り返す

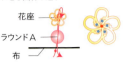

②ラウンドの周りにビーズを縫い付けていく。

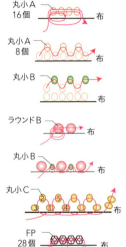

1 ラウンドの周りに丸小Aを16個縫い付ける。
2個縫い付けて4個戻るを繰り返し、
しっかり縫い付けていく。

2 2段目は、1段目のビーズの上に1つおきにビーズを
通していく。

3 3段目は、2段目のビーズの間に交互にビーズを
入れるように通していく。

4 糸を丸小のすき間から布下に出し、少しずらしてから
ラウンドBを縫い付ける。大きなビーズなので
1個2回ずつ縫い付けて1周させる。

5 丸小BをラウンドBのすき間に1回ずつ縫い付けていく。

6 さらに外側に丸小Cをバックステッチで縫い付けていく。
1周したら裏で糸端を結び、結び目に接着剤を付け、
乾いたら余分な糸をカットする。

7 糸を80cmのアイボリーに替えて、一番外側にFPを
縫い付ける。

8 すべて縫い終えたら裏で糸端を結び、結び目に
接着剤を付け、乾いたら余分な糸をカットする。
布の裏面全体に接着剤を付け、
刺しゅうした部分の裏側を固める。

❷ 仕上げる

①一番外側の縫い糸より約5mm
外側に接着剤を塗る。

②乾いたら糸を切らないように注意しながら
刺しゅう部分を円に切る。

③②と同じ大きさに切った牛革に2ヵ所切り込みを入れ、ストレッチリボンを通す。

1 牛革を半分に折り、少しずつ切り込みを入れる。
2 リボンの端を重ね、輪にしてミシンで3ヵ所縫い合わせる。
3 牛革のリボン以外の部分に接着剤を付け、パーツを取り付ける。

※FPはファイアポリッシュの略

材料提供：貴和製作所（★マークの付いた材料のみ）
材料に関するお問い合わせ先はP.96をご確認ください。

NO. 31

チェコラウンドビーズの サークルキーホルダー ≫≫ P.29

完成サイズ：全長約14cm

材料

チェコビーズ
(シズクよこ穴・7×5mm・
　スノーホワイト)★・・・・・12個
(ラウンド・6mm・オパックピンク
　ホワイトラスター)★・・・・・4個
(ボタンカット・4×7mm・
　クリスタル)★・・・・・・・・1個

チェコパール(ラウンド・6mm・
　Lt.クリーム)★・・・・・・・4個

チェコファイアポリッシュ (FP)
A (3mm・オーロラパープル)
　・・・・・・・・・・・・・・4個
B (8mm・クリスタルホワイト
　ラスター)★・・・・・・・・1個
C (8mm・スモークブルー)・・1個

丸小ビーズ
A (バニラ)・・・・・・・・・53個
B (メタリックゴールド)・・・11個
C (グリーン)・・・・・・・・8個

特小ビーズ (パールホワイト)・36個

透かしパーツ (スクエア・21mm・
　ゴールド)★・・・・・・・・1個

根付ひも (8cm・金/G)★・・・1個

アーティスティックワイヤー (#28・
　ノンターニッシュブラス)★・・12cm

ビーズステッチ専用糸 (#40・
　ゴールド)★・・・250cm、50cm

ビーズ針・・・・・・・・・・1本

材料提供：貴和製作所（★マークの付いた材料のみ）
材料に関するお問い合わせ先はP.96をご確認ください。

❶ パーツを作る

①針に糸250cmを通し、透かしパーツにビーズをブリックステッチ (P.76参照) で編み付ける。
※糸は2本取り。図は分かりやすいよう1本取りで表記

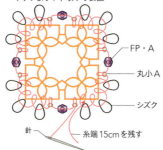

②図のように①のビーズをすくいながら丸小を通していく。
（針の図は省略）

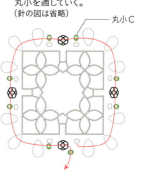

③図の青枠のシズクを内側に倒しながら②のビーズをすくい、新たにビーズを通していく。

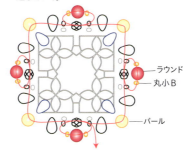

④図のように再度1周させ、①で残しておいた糸端と固結びして糸を始末する。結び目に接着剤を付け、乾いたら余分な糸をカットする。

❷ ビーズボールを作る

①針に糸50cmを通し、図のように編む。

②1本目を通し終えたら左にスライドして8回繰り返す。（計9本）

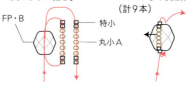

③9本目を通し終えたら、上に出た糸をもう1度最後の9粒の中へ通す。下に出た糸と①の糸端を固結びをして糸を始末する。結び目に接着剤を付け、乾いたら余分な糸をカットする。

❸ 仕上げる

ワイヤー12cmに図のようにビーズを通して、めがね留めしてワイヤーを始末する。最後に根付ひもを取り付ける。

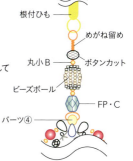

※FPはファイアポリッシュの略

NO. 32 チェコビーズのフリンジキーホルダー ≫ P.29

完成サイズ：全長約14.5cm

材料

[パープル]

チェコビーズ
- A（ラウンド・6mm・オパックピンクホワイトラスター）★・・8個
- B（ラウンド・8mm・クリアピンク）・・1個
- （シズク・7×5mm・ライトアメジスト）・・・・・・・・・8個

チェコパール
- A（ラウンド・8mm・シルキーホワイト）・・・・・・・・・8個
- B（ラウンド・4mm・Lt.クリーム）★・・・・・・9個

チェコファイアポリッシュ（FP）
（4mm・オペークホワイトローズ）★・・4個

丸小ビーズ
- A（バニラ）・・・・・・・・・・57個
- B（オペークスモーキーパープル）・・32個

花座no.5（花形・10mm・ゴールド）★・・・・・・・・1個

ボールチップ国産（約3mm・ゴールド）★・・・・・・・・1個

根付ひも（8cm・金/G）★・・・1個

ビーズステッチ専用糸（#40・ゴールド）★・・・・・・320cm

ビーズ針・・・・・・・・・・・・1本

[グリーン]

チェコビーズ
- A（ラウンド・8mm・チョークホワイトシャンパンラスター）★・・・・・・・・・・・・・・・8個
- B（ラウンド・6mm・チョークホワイトオリーブラスター）★・・・・・・・・・・・・・・・8個
- C（ラウンド・8mm・オリーブラスター）★・・・・・・1個
- （シズクよこ穴・7×5mm・オリーブラスター）★・・・8個

チェコパール（ラウンド・4mm・Lt.クリーム）★・・・・・・9個

チェコファイアポリッシュ（FP）（4mm・チョークホワイトオリーブラスター）★・4個

丸小ビーズ
- A（バニラ）・・・・・・・・・57個
- B（グリーン）・・・・・・・32個

花座no.5（花形・10mm・ゴールド）★・・・・・・・・・1個

ボールチップ国産（約3mm・ゴールド）★・・・・・・・・1個

根付ひも（8cm・金/G）★・・・1個

ビーズステッチ専用糸（#40・ゴールド）★・・・・・・320cm

ビーズ針・・・・・・・・・・・・1本

材料提供：貴和製作所（★マークの付いた材料のみ）
材料に関するお問い合わせ先はP.96をご確認ください。

❶ パーツを作る

①針に糸320cmを通し、図のようにビーズを通してパーツAを作る。糸は切らずにそのままパーツAを4個作る。

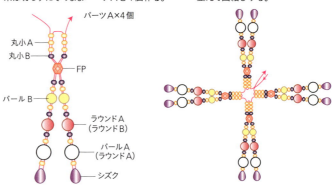

②4個すべて通し終えたら、糸が緩まないようにしっかり引き締め整えて固結びする。

③図のように片方の糸を対向の角へ向けて下から上へくぐらせる。

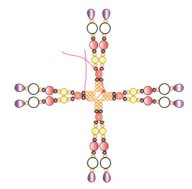

④両方の糸の長さが同じになるように、メインパーツの頂点で固結びする。

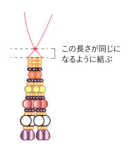

この長さが同じになるように結ぶ

❷ 仕上げる

①糸に図のように花座とビーズを通す。丸小Aとボールチップを通して固結びする。結び目に接着剤を付け、乾いたら余分な糸をカットしてボールチップを閉じる。

②根付けひもを取り付ける。

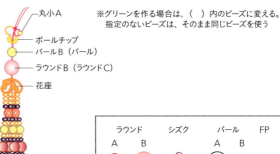

※グリーンを作る場合は、（ ）内のビーズに変える。指定のないビーズは、そのまま同じビーズを使う

※FPはファイアポリッシュの略

NO. 33 チェコビーズのラウンドモチーフとパスケースチェーン ≫≫ P.30

完成サイズ：モチーフ部分直径約4cm

材　料

チェコビーズ
- A（ラウンド・6mm・モンタナラスター）★ ……10個
- B（ラウンド・6mm・チョークホワイトオリーブラスター）★ ……8個
- C（ラウンド・4mm・アクアマリン） ……1個
- D（ラウンド・3mm・シャンパンラスター）★ ……18個
- （シズクよこ穴・5×7mm・スノーホワイト） ……8個
- A（ボタンカット・3×5mm・クリスタル） ……8個
- B（ボタンカット・4×7mm・クリスタル） ……1個

チェコパール（ラウンド・4mm・Lt.クリーム）★ ……9個

チェコファイアポリッシュ（FP）（5mm・オリーブ）★ ……9個

丸小ビーズ（マーメイドアラバスター） ……17個

透かしパーツ（花形・14mm・ゴールド）★ ……1個

キーホルダー回転カン（K25・10×24mm・ゴールド）★ ……2個

アルミチェーン（AL812AD・約7mm幅・ゴールド）★ ……25cm

テグス（2号・クリア） ……120cm

アーティスティックワイヤー（#28・ノンターニッシュブラス）★ ……10cm

ビーズステッチ専用糸（#40・ゴールド）★ ……120cm

ビーズ針 ……1本

❶ パーツを作る

① 糸が抜けてしまわないようにアルミチェーンの輪のすき間をやっとこで閉じ、接着剤で埋めておく。
② 両サイドにキーホルダー回転カンを取り付ける。
③ テグス120cmに図のようにビーズを通しながら（P.77参照）チェーンに編み付ける。

④ すべて通し終えたらテグスを固結びする。結び目に接着剤を付け、乾いたら余分なテグスをカットする。
⑤ 針に糸120cmを通し、図のようにビーズを透かしパーツに編み付けていく。最後は、残しておいた糸と糸端を結び、始末する。（針の図は省略）

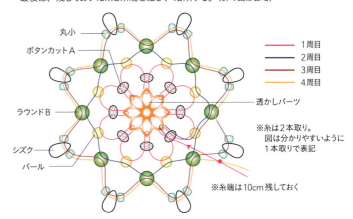

❷ 仕上げる

図のようにワイヤーでビーズをつなげ、キーホルダー回転カンの根元にめがね留めする。

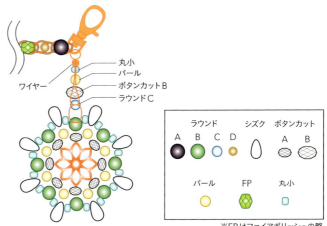

※FPはファイアポリッシュの略

材料提供：貴和製作所（★マークの付いた材料のみ）
材料に関するお問い合わせ先はP.96をご確認ください。

NO. 34 チェコシズクビーズ刺しゅうのティッシュポーチ ≫≫ P.31

完成サイズ：パーツA直径約2.7cm、パーツB直径約2.3cm、パーツC直径約1.5cm

材料

爪付きクリスタルパーツ
- A（ラウンド・6mm・ホワイトオパール/G）・・・・・・・2個
- B（ラウンド・4mm・ホワイトオパール/G）・・・・・・・1個

チェコビーズ
- A（シズクよこ穴・9×6mm・チョークホワイト）・・・・・5個
- B（シズクよこ穴・6×4mm・チョークホワイト）・・・・・7個

チェコパール
- A（シズクよこ穴・9×6mm・ホワイト）★・・・・・・・・5個
- B（シズクよこ穴・7×5mm・ホワイト）★・・・・・・・10個
- A（ラウンド・3mm・チョークホワイトシャンパンラスター）★・・・・・・・・・・・・・・10個
- B（ラウンド・3mm・チョークホワイト）★・・・・・・・10個

特小ビーズ（中染シルバー）・・24個
ティッシュポーチ・・・・・・・1個
ビーズステッチ専用糸（#40・グレー）★・・・・・・・130cm
ビーズ針・・・・・・・・・・・1本

材料提供：貴和製作所（★マークの付いた材料のみ）
材料に関するお問い合わせ先はP.96をご確認ください。

❶ パーツA・Bの中心部を作る

①針に糸130cmを通し、ティッシュポーチに爪付きクリスタルパーツAを縫い付けて、周りに2個ずつ特小をバックステッチで縫い付けていく。（針の図は省略）

 爪付きクリスタルパーツA   特小

②1周したらもう1周糸をビーズに通して引き締める。

※特小が爪付きクリスタルパーツの下に滑り込み、爪付きクリスタルパーツに高さが出る

❷ パーツAを縫い付ける

①シズクAとパールAを交互にバックステッチで縫い付けていく。最後は、布の裏で玉結びする。

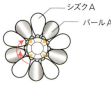 シズクA／パールA

②シズクをすくいながら1個ずつラウンドAを縫い付けていく。

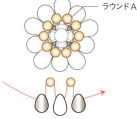 ラウンドA

❸ パーツBを縫い付ける

残りの糸でパーツAと同じようにパールBをバックステッチで縫い付けていく。
パーツAと同じようにしてラウンドBを縫い付けていく。最後は、布の裏で玉結びする。

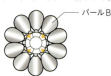 パールB

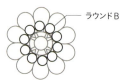 ラウンドB

❹ パーツCを縫い付ける

残りの糸で爪付きクリスタルパーツBを縫い付けて、周りにシズクBをバックステッチで縫い付けていく。最後は、布の裏で玉結びし、始末する。

 爪付きクリスタルパーツB   シズクB

[配置図]

パーツC／パーツA／パーツB

爪付きクリスタルパーツ		シズク		パール		ラウンド		特小
A	B	A	B	A	B	A	B	

NO. 35 チェコファイアポリッシュのしおり »» P.32

完成サイズ：たて約7cm、よこ約2.5cm

材料

[ホワイト]
チェコファイアポリッシュ (FP)
　（8mm・クリスタルホワイト
　　ラスター）★ ・・・・・・・・・ 1個
チェコパール
　（シズクよこ穴・7×5mm・
　　ホワイト）★ ・・・・・・・・・ 9個
チェコビーズ
　（ラウンド・3mm・チョーク
　　ホワイトシャンパンラスター）★
　　・・・・・・・・・・・・・・・・・・ 10個
丸小ビーズ（ペールイエロー）・・10個
アーティスティックワイヤー（#20・
　ノンターニッシュブラス）★ ・・ 15cm
ビーズステッチ専用糸（#40・
　ゴールド）★ ・・・・・・ 50cm、80cm
レース糸
　A（ラメゴールド）・・・・50cm×2本
　B（ラメシルバー）・・・・・・・・50cm
ビーズ針 ・・・・・・・・・・・・・・・ 1本

[ブルー]
チェコファイアポリッシュ
　A（8mm・クリスタルホワイト
　　ラスター）★ ・・・・・・・・・ 1個
　B（3mm・チョークホワイト
　　オリーブラスター）★ ・・・ 10個
チェコビーズ（ピップ・7×5mm・
　クリームパール）★ ・・・・・・・ 9個
丸小ビーズ（バニラ）・・・・・・・ 10個
アーティスティックワイヤー（#20・
　ノンターニッシュブラス）★ ・・ 15cm
ビーズステッチ専用糸（#40・
　ゴールド）★ ・・・・・・ 50cm、80cm
レース糸
　A（ラメゴールド）・・・・50cm×2本
　B（ラメシルバー）・・・・・・・・50cm
ビーズ針 ・・・・・・・・・・・・・・・ 1本

❶ パーツを作る

① やっとこに巻き付けるようにして15cmのワイヤーを図のように丸め、本体のベースを作る。

② 針に糸50cmを通し、図のようにFPをワイヤーに編み付ける。糸端をワイヤーに巻き付け、固結びをする。結び目に接着剤を付け、乾いたら余分な糸をカットする。
（針の図は省略）

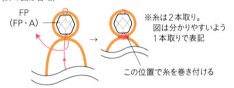

③ 針に糸80cmを通し、図のようにパールとラウンドを編み付ける。最後は、編みはじめの糸と固結びする。結び目に接着剤を付け、乾いたら余分をカットする。

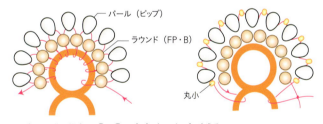

※ブルーを作る場合は、②～③の（　）内のビーズに変える。指定のないビーズは、そのまま同じビーズを使う

❷ 仕上げる

① レース糸A50cm×2本、B50cmを図のようにワイヤーの先端の輪に通す。
② 糸の中心に輪が来るように折り返して糸を6本取りにする。
③ 6本で糸端を5～6cm残すようにしながら、三つ編みにする。
④ 編み終わったら、糸端や全体に接着剤を付けて馴染ませ、乾かす。

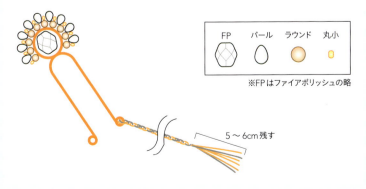

※FPはファイアポリッシュの略

材料提供：貴和製作所（★マークの付いた材料のみ）
材料に関するお問い合わせ先はP.96をご確認ください。

NO. 36 チェコシズクカットビーズのしおり　>>> P.33

完成サイズ：たて約7.5cm、よこ約3.5cm

材料

[クリア×トパーズ]
チェコビーズ
　（シズクカット・7×5mm・
　クリスタル）★・・・・・・・・7個
　（シズクよこ穴・5×7mm・
　トパーズ）★・・・・・・・・7個
　（ラウンド・3mm・シャンパン
　ラスター）★・・・・・・・・6個
丸小ビーズ（パールホワイト）・・・7個
アーティスティックワイヤー（#20・
　ノンターニッシュブラス）★・・15cm
ビーズステッチ専用糸（#40・
　ゴールド）★・・・・・・・・240cm
レース糸
　A（ラメゴールド）・・・・50cm×2本
　B（ラメシルバー）・・・・・・・50cm

[ピンク×ホワイト]
チェコビーズ（シズクカット・
　7×5mm・ホワイトオパール）★
　・・・・・・・・・・・・・・8個
チェコシードビーズ（ツイン・
　2.5×5mm・Lt.グレー）★・・・8個
チェコファイアポリッシュ（3mm・
　ジョンキル）・・・・・・・・7個
チェコパール（ラウンド・4mm・
　Lt.クリーム）★・・・・・・・7個
丸小ビーズ（ピンク）・・・・・・8個
アーティスティックワイヤー（#20・
　ノンターニッシュブラス）★・・15cm
ビーズステッチ専用糸（#40・
　ゴールド）★・・・・・・・・240cm
レース糸
　A（ラメゴールド）・・・・50cm×2本
　B（ラメシルバー）・・・・・・・50cm
ビーズ針・・・・・・・・・・・・1本

材料提供：貴和製作所（★マークの付いた材料のみ）
材料に関するお問い合わせ先は P.96 をご確認ください。

❶ パーツを作る

① やっとこで15cmのワイヤーを図のように丸め、本体のベースを作る。

② 針に糸240cmを通し、図のようにワイヤーにビーズを編み付けていく。（針の図は省略）

※糸は2本取り。図は分かりやすいよう1本取りで表記

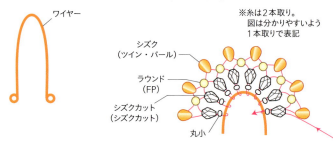

③ スタートと平行の位置まで糸を持ってきたら、バックステッチで2束ずつ根元に糸を掛けて、しっかり引き締めていく。

★=糸スタート位置

※シズクカット、丸小以外のビーズは省略

［上から見た図］

④ 図のように再びビーズに糸を通していく。最後は、編みはじめの糸と固結びをする。結び目に接着剤を付け、乾いたら余分な糸をカットする。

★=糸スタート位置（③の続きの糸）

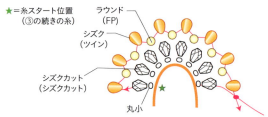

※ピンク×ホワイトを作る場合は、（　）内のビーズに変える。指定のないビーズは、そのまま同じビーズを使う

❷ 仕上げる

① レース糸A50cm×2本、B50cmを図のようにワイヤーの先端の輪に通す。
② 糸の中心に輪が来るように折り返して糸を6本取りにする。
③ 6本で糸端を5〜6cm残すようにしながら、三つ編みにする。
④ 編み終わったら、糸端や全体に接着剤を付けて馴染ませ、乾かす。

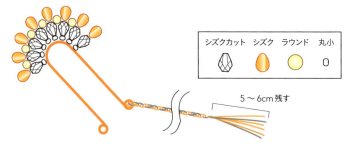

5〜6cm残す

NO. 37 チェコビーズのドロップサークルイヤホンジャック ≫ P.34

完成サイズ：全長約6.5cm

∨∨∨∨

材料

チェコビーズ
A（ラウンド・4mm・アクアマリン）★……8個
B（ラウンド・3mm・シャンパンラスター）★……12個
C（ラウンド・3mm・チョークホワイトシャンパンラスター）★……1個
D（ラウンド・6mm・チョークホワイトシャンパンラスター）★……1個
E（ラウンド・3mm・オペークホワイト）……2個
（ボタンカット・3×5mm・クリスタルシルバーライン）★……1個
（シズクよこ穴・9×6mm・オパールグリーン）……1個
（マシンカット・15×9mm・クリスタル）★……1個

チェコファイアポリッシュ（FP）
A（3mm・ホワイトオパール）★……14個
B（4mm・アクアマリン）……2個
C（3mm・アクアマリン）……1個

チェコシードビーズ（ツイン・2.5×5mm・クリスタル）★……2個

チェコツイストビーズ（ツイスト・9×6mm・クリスタル）★……1個

特小ビーズ（中染シルバークリア）……35個

丸小ビーズ
A（メタリックゴールド）……16個
B（バニラ）……1個

イヤホンジャックキャップ（ニコイル付・白/G）★……1個

ボールチップ国産（約3mm・ゴールド）★……1個

アーティスティックワイヤー（#28・ノンターニッシュブラス）★……12cm

テグス（1号・クリア）……120cm、45cm

ビーズ針……1本

材料提供：貴和製作所（★マークの付いた材料のみ）
材料に関するお問い合わせ先はP.96をご確認ください。

❶ パーツを作る

① ワイヤーとFP・Aでシズク形のパーツを作る。

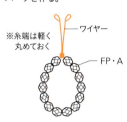

② 針にテグス120cmを通し、FP・Aの間にテグスを引っ掛けるようにして丸小AとラウンドAを編み付ける。

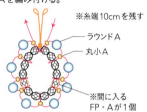

③ 図のようにラウンドAを通しながら間にラウンドBを入れていく。

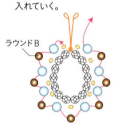

④ ラウンドBのひねり部分にツインと特小を通してから図のようにもう1周テグスを通す。ひねり部分の後ろ側にくるように、ラウンドBを通す。もう一度、特小とツインを通す。最後は、編みはじめの糸と固結びする。結び目に接着剤を付け、乾いたら余分な糸をカットする。

⑤ 図のように④のツインのもう1つの穴にシズクを通し、ワイヤーでめがね留めする。

⑥ ①のワイヤーの先を伸ばし、ラウンドCを通し、めがね留めしながらイヤホンジャックキャップのカンに取り付ける。⑤と同様にマシンカットを通し、めがね留めして取り付ける。

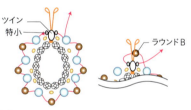

⑦ 針にテグス45cmを通し、図のようにビーズとボールチップを通す。最後は、結び目に接着剤を付け、乾いたら余分なテグスをカットしてボールチップを閉じる。

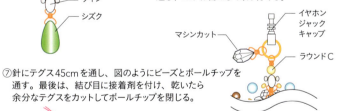

❷ 仕上げる

イヤホンジャックキャップのカンに⑦を取り付ける。

※FPはファイアポリッシュの略

NO. 38 チェコパールのコンパクトミラー ≫ P.35

完成サイズ：直径約7cm

材料

チェコパール
A（シズクよこ穴・9×6mm・ホワイト）★ ……… 8個
B（ラウンド・3mm・ブルー）★ ……… 16個

チェコファイアポリッシュ (FP)
A（3mm・ホワイトオパール）★ ……… 8個
B（3mm・クリスタルシルバーライン）★ ……… 16個
C（3mm・オパールアクア）・8個
D（6mm・オパールアクア）・1個

チェコビーズ（ラウンド・4mm・チョークホワイトシャンパンラスター）★ ……… 8個

オリムパスコンパクトミラー（丸型・70mm・ゴールド）……… 1個

カットクロス（パステルパープル・10×10cm）……… 1枚

テグス（1号・クリア）★ ……… 100cm

ビーズステッチ専用糸（#40・グレー）★ ……… 140cm、15cm

刺しゅう針、ビーズ針 ……… 各1本

❶ パーツを作る

①テグス100cmに図のようにビーズを通し、花形を作る。

★＝テグススタート位置

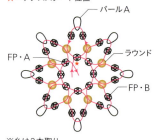

※糸は2本取り。
図は分かりやすいよう1本取りで表記

②針に糸140cmを通し、10×10cmの布の中心に図のように糸で1個ずつ留め付けていく。(針の図は省略)

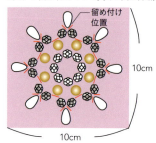

③縫い終わったら中央のFP・Aの裏から糸を出し、図のように1周縫い付ける。

[よこから見た図]

④図のようにビーズを縫い付けていく。FP・Cは、図のように縫い付ける。

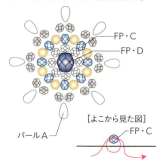

[よこから見た図]

⑤すべて縫い付けたら、パールAに接着剤を付け、布に貼り付けて乾かす。パールAの外側にパールBを2個ずつ縫い付ける。

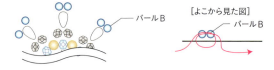

[よこから見た図]

❷ 仕上げる

ミラーに付いている説明書に従い、パーツを中心に指定のサイズの円形に切る。
刺しゅう針に糸15cmを通し、ぐし縫いして形を整え、接着剤でミラーに貼り付ける。

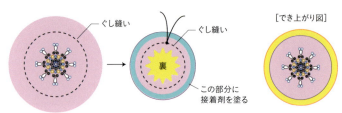

[でき上がり図]

※FPはファイアポリッシュの略

材料提供：貴和製作所（★マークの付いた材料のみ）
材料に関するお問い合わせ先はP.96をご確認ください。

NO. 39 丸小ビーズと特小ビーズの腕時計 ≫ P.36

完成サイズ：手首回り約18.5cm

材料
- 丸小ビーズ（メタリックゴールド）・・・・・・・・・・・・・・・・・・・・228個
- 特小ビーズ（中染めシルバークリア）・・・・・・・・・・・・・・・・・・96個
- チェコファイアポリッシュ（FP）（3mm・ホワイトオパール）★・・・・・・・・・・50個
- チェコシードビーズ（ツイン・2.5×5mm・シャンパンラスター）★・・・・・・・・・・48個
- ビーズウォッチ（ラウンド・27×21mm・ゴールド）★・・・1個
- ボールチップ国産（3mm・ゴールド）★・・・・・・4個
- マンテルダブルリング（リング部分／33×13mm・バー／20mm・ゴールド）★・・・・・・1組
- テグス（1号・クリア）★・・・・・・・・・・130cm×6本
- ビーズ針・・・・・・・・・・・・・・・・・・2本

❶ パーツを作る

①針にテグス130cmを通し、2本取りにしてビーズウォッチに通す。テグスの反対側にもう1本針を通す。

★＝テグス中心スタート位置

②図のように根元を結んでから丸小ビーズを通していく。

1 丸小を通す。 2 糸端を残して固結びし、針をカットする。

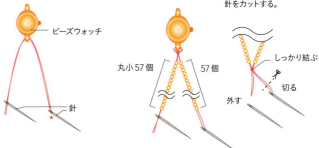

③針にテグス130cmを通す。根元は結ばずに図のようにFPを通し、糸端を残して固結びし、針を取り除く。

④針にテグス130cmを通す。根元は結ばずに図のように特小、ツインを通し、糸端を残して固結びし、針を取り除く。

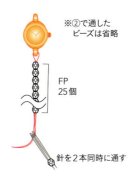

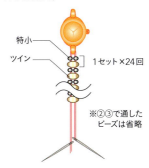

❷ 仕上げる

①ツインが真ん中になるように3本で三つ編みをする。最後はテグスをすべてボールチップに通し、しっかり結ぶ。接着剤を付け、乾いたら余分なテグスをカットし、ボールチップを閉じる。

②反対側も同様に編んでいく。
③最後にダブルマンテルリングを取り付ける。

※FPはファイアポリッシュの略

材料提供：貴和製作所（★マークの付いた材料のみ）
材料に関するお問い合わせ先はP.96をご確認ください。

ボヘミアの森で生まれた伝統技術
チェコビーズのプチプラ大人アクセ。

2016年7月31日　第1刷発行

編者	大和書房編集部
発行者	佐藤靖
発行所	大和書房 東京都文京区関口 1-33-4 電話 03（3203）4511

制作協力	aoka　　　http://aoka.ocnk.net RIEN　　　http://www.creema.jp/user/showProfileExhibits/id/60720 奥美有紀　http://ameblo.jp/m-oku/
材料提供	貴和製作所 ☎03-3863-5111（浅草橋本店） ☎03-3865-5621（スワロフスキー・エレメント館） ☎03-3865-8521（浅草橋支店） http://www.kiwaseisakujo.jp/ ※商品によっては、店舗により一部取り扱いがない場合があります。商品の販売が終了する場合もありますので、予めご了承ください。本書の内容・作品の作り方に関するお問い合わせは、編集部へご連絡ください。
撮影協力	AWABEES　03-5786-1600 UTUWA　　03-6447-0070 naughty　　03-3793-5113 （表紙 ブラウス、P.7 ブラウス、P.8 リングコーン・トレイ、P.11 ブラウス、P.12 フラワーベース、P.13 ブラウス、P.14 洋書、P.15 ワンピース、P.36 ガウン）
撮影	福井裕子
モデル	エミリー
スタイリング	露木藍（STUDIO DUNK）
ヘアメイク	WANI（Orange）
ブックデザイン	八木孝枝（STUDIO DUNK）
編集協力	色川彩美
校正	みね工房
製図	栗本真左子
編集	宮本貴世、鬼頭美邦（STUDIO DUNK）、滝澤和恵（大和書房）

印刷	歩プロセス
製本	ナショナル製本

© 2016 Daiwashobo Printed in Japan
ISBN 978-4-479-92103-5
乱丁本・落丁本はお取り替えいたします
http://www.daiwashobo.co.jp/